竊盜犯罪防治學

原理與策略

何明洲 著

推薦序

天道酬勤真諦就是天意厚報那些勤勞、勤奮的人，對一位從鄉下出身的人，由基層警員幹起，一步一腳印，當到高雄市政府警察局長，拿到博士學位，亦當過台灣警察專科學校校長，對明洲奮鬥歷程用天道酬勤四個字來形容最貼切不過的，這些都是他後天努力勤奮所得。

明洲在民國九十年刑事警察局擔任隊長職務（現已改為大隊長職務）在我鼓勵之下，憑著毅力及決心，從台北搭飛機至中正大學念碩士專班，準時二年取得碩士學位；接續在最繁忙台北市三任五年分局長工作任內，本著一股學無止境之熱情及學以致用、為用而學，繼續攻讀中央警察大學犯罪防治研究所博士班，五年努力不懈順利取得博士學位。且明洲擔任刑事工作十五年期間偵辦無數竊盜案件，尤其在刑事警察局擔任竊盜專責隊隊長六年半期間，負責全國肅竊偵防工作，專辦重大竊盜案件及負責逮捕慣竊，經驗相當豐富，對各類型竊盜犯習性、犯案手法及辦案技巧掌握相當清楚，迭有相關研究新論，以成專業之言，可謂理論與實務相結合，為實務界很難得兼具學術理論深厚基礎之人，殊屬難得。

本書區分為學理篇及實務運用篇，以原理與策略兩種面向進行探討，結構分明，綱舉目張，周延完善，文字亦清晰流暢，共分三篇十五章，內容相當多元豐富，可以兼顧未來在學術建構與肅竊工作運用的需求。今專書問世，可喜可賀，且可作為司法警察人員養成教育與在職訓練之專業教材，提供各司法警察機關偵辦竊案參考，裨益甚大，頗值員警詳加研讀運用。我忝為明洲四度老師，喜見明洲獨立製作第四本書問世，特作序推薦。

銘傳大學講座教授
中正大學榮譽教授
蔡德輝 博士

2018年3月

自序

歲月似箭，從事警察工作已四十三載，其中專責偵辦竊盜案件有十二年之久，且從偵查竊案、研究竊案、在大專教授竊案偵防，前後加總亦有二十五年歲月，可謂一生從事公務生涯中與竊盜結下解不開之緣。期間一路走過來感觸良多，偵辦竊盜工作是一件辛苦、花費時間久、不易表現、不易爭取到績效的工作，當初選擇這條路，初衷無非是抱著，保護社會安全，防止一切危害，使民眾有免於恐懼，免於財產損失的怨尤，尤其住宅財物被竊是最具有可非難性之犯罪類型，亦是民眾最關心的治安話題，其次，在心態上也抱著我不去做研究，去彙集經驗資料，相信在這方面會去著墨的人不多。而且自古以來就有小偷，且個人深信全世界任何國家小偷是無法根絕，只是視一個國家在偵查及預防功力如何將案件防治降低到最少而定。筆者不揣淺漏，以竊盜相關理論為基礎，將現有防竊政策作為框架，運用實務辦案經驗以及竊盜犯實證研究，臚列出偵查技術及防治措施，並提出綜合結論與建議。

本書第一篇導論，第一章緒論、第二章我國竊盜犯罪現況與法律相關規定、第三章竊盜犯犯罪相關文獻探討；第二篇竊盜犯罪偵查內文最主要截錄拙著犯罪偵查學竊盜章節內容，第四章侵入竊盜偵查、第五章扒竊偵查、第六章汽機車竊盜偵查、第七章偵查勤務、第八章偵訊筆錄；第三篇竊盜犯罪防治研究評估，第九章竊盜犯罪手法分析之評估第十章居家防竊安全設計研究之評估、第十一章汽車竊盜犯罪及其防治之評估、第十二章科技園區竊盜犯罪防治、第十三章校園竊盜防治、第十四章防竊宣導、第十五章政策分析與建議。

本書得以問世，感謝警專全體師生支持及鼓勵出版，致上萬分謝忱。最後，筆者要感謝四度教我的恩師銘傳大學講座教授、前中央警察大學校長蔡德輝教授推薦，增添本書莫大光彩。以及感謝校長室組長曹翠珠、教育班長蔡欣霖校正，最重要謝謝內人黃寶貴一路來艱辛照顧這個家，讓我的工作無後顧之憂，同時也要謝謝兒女及女婿、媳婦支持鼓勵寫作，最後更要感謝在農村家境中很辛苦養育我之父母，沒有您們教誨，就不可能有今天。

何明洲 謹識

2018年3月

目　次

第二篇　竊盜犯罪偵查

表　次

圖　次

第一篇

導論

第一章
緒論

第一節　研究緣起

近年來在全球經濟不景氣以及歐債影響下，台灣地區亦不能免於大環境的影響，失業率未能明顯改善，連帶著治安問題亦愈顯重要。加上社會因為工業化、商業化、都市化以及現代化而急遽變遷，傳統的家庭結構亦有顯著轉變；甚且由於各種傳播工具迅速崛起，使得人際關係和國人價值觀念亦起了重大的變化，致使社會控制之原有功能漸漸式微，社會亦陷入脫序，而顯得更不安與失調。

保護社會安全，防止一切危害，使民眾有免於恐懼，免於怨尤的自由，不但是民眾所期盼的，亦是政府重要的施政工作。然而，民眾對治安的感受與評價，主要取決於自身週遭生命財產權益是否被侵害而定。根據國內警政署主要犯罪類型刑案統計，以最近10年資料進一步分析，竊盜案件明顯仍佔全般刑案發生件數之大宗。竊盜犯罪為人類社會中最傳統的犯罪類型，也是世界各國在抗制犯罪上最困擾的問題之一，其侵害結果不僅可能造成民眾財產上之巨額損失，在心理上，也造成人民對犯罪的恐懼感及生活不安全感，嚴重的影響到社會的安全性。

在台灣地區，由於社會快速變遷，都市的發展人口的增加，竊盜犯罪日益集中在都會區，且犯罪手法日趨專業化及組織化，已為治安帶來重大的考驗，尤其住宅及汽、機車失竊案件，更讓老百姓聞賊色變。

因此，研究防制竊盜犯罪問題，變得益形迫切，以往對竊盜犯罪問題的探討，大多偏重在竊盜原因的探討，並從竊盜犯的心理，人格特質，犯罪情境做研究，很少在實務偵查經驗上著墨，因此，本書除了理論論述外，希望藉由作者數十年實務偵查與預防經驗及研究心得傳承後學者，提高竊盜犯罪的破案率，以積極偵防作為來嚇阻竊盜犯罪，並希望以此為拋磚引玉，讓更多有偵查經驗之先進，將經驗傳承下來，共同為打擊犯罪而努力。

第二節　研究途徑與目的

研究途徑意指選擇問題及資料的準則，沒有問題及資料選擇，當然談不上資料的蒐集與處理[1]。有關竊盜犯罪偵防研究途徑，作者認為應從偵查與預防二個主軸途徑出發，然其研究涵蓋範圍非常廣，在竊盜犯罪預防方面，則須以竊盜相關理論為基礎，再與實證研究來相印證，因此，竊盜犯罪預防，在實證研究途徑就相當重要。而竊盜犯罪偵查，則應偏重在實務上經驗法則，透過辦案經驗，形成SOP辦案模式，再透過偵查要領來偵破竊盜案件，藉以達到壓制或降低竊盜發生數。

---

[1] 易君博，1984，政治理論與研究方法，臺北市：三民書局。

本書著作目的有三，第一作為教學用書目的，第二作為警察或政府在竊盜犯罪偵查或預防方面重要參考依據，第三作為後學者延續研究依據。

第三節　重要名詞界定

一、普通竊盜罪

乃意圖不法之所有，而竊取他人之財物者，所謂竊取是不依暴行，脅迫，詐欺等手段，違背他人之意思，而把他人擁有之財物占為己有或占為第三人所有，破壞其與持有物之特有支配關係的行為。

二、加重竊盜罪

犯竊盜罪而有下列情形之一者加重刑責：

一、侵入住宅或有人居住之建築物、船艦或隱匿其內而犯之者。

二、毀越門扇、牆垣或其他安全設備而犯之者。

三、攜帶兇器而犯之者。

四、結夥三人以上而犯之者。

五、乘火災、水災或其他災害之際而犯之者。

六、在車站、埠頭、航空站或其他供水、陸、空公眾運輸之舟、車、航空機內而犯之者。

前項之未遂犯罰之。

三、住宅竊盜犯罪

竊盜犯罪為侵害財產犯罪中最重要的犯罪類型，依據我國刑法之規定，竊盜犯罪，乃意圖不法之所有，而竊取他人之財物者。所謂竊取是不依暴行，脅迫，詐欺等手段，違背他人之意思，而把他人擁有之財物佔為已有或佔為第三人所有，破壞其與持有物之特有支配關係的行為。依據警政署刑事警察局出版之中華民國刑案統計資料，竊盜案件依據發生場所主要區分為住宅（residential area）、市街商店（downtown area）、特定營業場所（hotel and restaurant）、交通場所（transportation facilities）、文教衛生機構（culture, education and public health organs）、金融證券機構（finance and security）、郊區及其他場所（suburb and other Place）。其中住宅又區分為普通住宅、公寓、大廈、別墅、透天厝、農家住宅、出租公寓、宿舍、空屋、其他住宅等10項。本研究為便於聚焦，以住宅竊盜常業犯為研究對象。

四、犯罪預防

鄧煌發（1995）則指出犯罪預防之定義可區分為廣義及狹義兩種，分述如下[2]：

---

2 鄧煌發，犯罪預防，桃園：中央警官學校，1995年。

（一）廣義的定義

廣義的犯罪預防，其目的在於消除促成犯罪的原因，使社會不再發生犯罪行為，此乃是一種涵蓋治標及治本之預防犯罪措施，涉及改善政治、經濟、社會、教育、司法等方面措施，再確立傳統倫理道德，提昇人民生活水準，釐清觀念，實施良善的社會福利制度，制定具體可行且符合時代潮流的社會規範，乃至於建立跨國性犯罪資訊流通與合作打擊犯罪管道，均屬此範疇。

（二）狹義的定義

狹義的犯罪預防屬消極的措施，亦是一般人所稱的治標措施，係針對進入刑事司法體系之犯罪人，進行直接之預防、控制，以期改善其各項促成犯罪負因，並期能達到嚇阻犯罪的功能，進而達到減少犯罪的目的。

學者黃富源教授（2007）指出，所謂犯罪預防就是對犯罪的發生，預測到其樣態、地點、時間和被害者，並採取一些行動來降低犯罪發生機會的作為。若以風險防治的觀點著眼，亦即：承認犯罪風險（crime risk）的存在，並據以評鑑其危害，以及為消除或減少而採行之諸般措施。犯罪風險管理（crime risk management）意指減低犯罪風險之系統措施之各種努力與發展，一般而言，犯罪風險管理包括下列五項（National Crime Prevention Institute, 1986）：

（一）完全消除犯罪風險（remove risks）。

（二）經由減少可能損傷至一定程度之減低犯罪風險（reduce risks）。

（三）經由生物、硬體、電子及程序性的安全措施以打消、嚇阻、延遲和偵測犯罪以稀釋犯罪風險（spread risks）。

（四）經由購買保險，或以某種計畫聯合其他潛在被害人一起承擔犯罪風險（transfer risks）。

（五）接受犯罪風險（accept risks）。

五、犯罪偵查

犯罪偵查基礎奠定其範圍非常廣泛包括實體法、程序法、警察學、犯罪學、刑事法學、刑罰學等等，若在這些科學領域有所涉略，可謂已邁向成功偵查之條件。在犯罪偵查意涵方面乃是指偵查機關基於告訴、告發、自首或其他原因，知有犯罪嫌疑時所進行調查犯罪事實及蒐集相關證據之活動。犯罪偵查必須依據刑事訴訟法及偵辦刑事案件相關規範作為辦案程序之準據。當案件發生時，如何去確認犯罪事實及釐清事情真偽，以決定是否進行訴訟。

六、安全設計

安全設計考量原則為設計精進、硬體設備強化，來達成4D：打消（deny）、阻擋（deter）、延遲（delay）、偵防（detect）之安全維護策略預防犯罪功能。因此，建築安全設計原則在堅固、難侵入、明亮、容易發現。所以強化空間防衛、領域感、建築形象管理、建物四周環境，不容易被破壞的建材與設備以及主動式監控系統應用等均為安全設計重點。根據這些設計題目，去調查住宅竊盜在監受刑人，找出哪些防護因子最能抵擋被竊盜犯破壞侵入行竊。再將這些有效防護因子，提出安全設計規劃。

總之，本章節除了說明住宅竊盜犯罪至今未能有效防範下降因素外，研究者長期偵辦竊盜犯罪經驗，主要還是在民眾防竊硬體設備不足及不良所致。因此，強化建築物的規劃和硬體設備，讓小偷無法侵入或破壞才是解決之道，民眾財物不會被竊，則民眾對政府的信心，當然會提升；尤其最近幾年來越來越多地方縣、市長主動介入掌控指揮轄區竊案治安的狀況，可以看出政府在防竊區塊的重視。因此，本研究下一章節文獻回顧，係針對住宅竊盜安全設計與防制內涵先進行探討，惟有先找出侵入方法及環境特徵因子選擇被害因素，才能建構後續防範措施與安全設計。

七、犯罪手法

所謂犯罪手法，係指於犯罪之時間、場所及犯罪行為上所出現手段方法之類型。大部分竊盜常業犯於犯罪時，經常會習慣性反覆同一手段方法，人類為行動時即常存有慣行性之潛意識，當犯罪時一定是以特別安全且容易達到目的之決意進行，故在本能上、經驗上當然就會以自己最拿手、成功率最高、最有自信之手段來犯罪。因此，硬體設備強化，來達成4D：打消（deny）、阻擋（deter）、延遲（delay）、偵防（detect）之安全維護策略預防犯罪功能。

第二章
我國竊盜犯罪現況與法律相關規定

第一節　竊盜犯罪類型

竊盜行竊的方法，花樣繁多，類型迥異，有順手牽羊、有穿牆鑿壁者，不一而定，因此，竊盜犯罪類型並無固定的分類，有以竊得財物分類，如珠寶竊盜、書畫竊盜、電子零件竊盜；有以犯罪手法分類，如我國刑案統計分類；有以場所分類，如日本刑案統計。本章節彙整我國犯罪手法及日本場所分類方式將侵入竊盜、詐欺竊盜、機會竊盜、扒竊、汽（機）車竊盜分別分類如下[1]（何明洲、楊士隆，2017：7-15，何明洲所撰）：

一、侵入竊盜

（一）闖空門竊盜：侵入無人在家之住宅屋內竊取財物。

（二）潛入竊盜：於夜間人家等就寢時侵入住宅內竊取財物俗稱「跑黑頭」。

（三）趁隙竊盜：趁人家在午睡，用餐之空隙，侵入有人在家

1　刑事警察中高層主管講習班，日本警視廳講義，內政部警政署刑事警察局，民國87年6月

之住屋內竊取財物。

（四）旅館竊盜：侵入旅館、飯店等之建築物內竊取財物。

（五）破壞提款機（ATM）竊盜：破壞提款機設備竊取現鈔。

（六）破壞保險箱（櫃）竊盜：侵入公司行號內破壞保險箱或保險櫃而竊取財物。

（七）金庫竊盜：侵入銀行、農漁會、信用合作社、金控公司、保全公司破壞金庫而竊取財物。

（八）政府機關竊盜：侵入政府機關之建築物內竊取財物。

（九）學校竊盜：侵入學校之建築物內竊取財物。

（十）醫院竊盜：侵入醫院、診所之建築物內竊取財物。

（十一）加油站竊盜：侵入加油站之建築物內竊取財物。

（十二）辦公室竊盜：侵入公司、合夥等之辦公室內竊取財物。

（十三）攤位竊盜：於假日或夜間，侵入無人居住之店鋪、攤位等竊取財物。

（十四）工廠竊盜：侵入工廠等竊取財物。

（十五）更衣室竊盜：侵入政府機關、公司、運動處所之更衣室內竊取財物。

（十六）倉庫（儲）竊盜：侵入倉庫（儲）內竊取財物。

（十七）營區竊盜：侵入營區內竊取財物。

二、詐欺竊盜（假藉某種身分，趁隙竊取財物）

（一）職權竊盜：詐稱警察、瓦斯、電力公司職員之身分，佯裝搜查、檢查、而趁隙竊取財物。

（二）喪慶竊盜：於結婚或喪禮場所等，佯裝賀客、弔客而趁隙竊取財物。

（三）誘出竊盜：找藉口使人外出或令其不在，而竊取財物。

（四）借用竊盜：以借用廁所、電話為理由侵入屋內，趁隙竊取財物。

（五）謁見竊盜：偽裝身分或從業員等，於謁見中趁隙竊取財物。

（六）購物竊盜：偽裝顧客於店鋪中使用詭計，趁隙竊取財物。

（七）訪客竊盜：找藉口訪問，卻趁隙竊取財物。

三、機會竊盜

（一）客人竊盜：訪問友人家，卻趁隙竊取財物。

（二）假寐竊盜：於公園或車站等竊取假寐者、爛醉者之財物。

（三）浴場竊盜：於公眾浴場、海水浴場等之脫衣場竊取浴客之財物。

（四）店鋪竊盜：快速竊取店內之商品、營業場所等。

（五）攜帶品竊盜：於會客室、機場、火車（站）、公車站中，趁隙竊取乘客之攜帶品。

（六）順手牽羊竊盜：假裝為顧客物色商品，趁隙竊取乘客之攜帶品。

（七）汽油竊盜：從停車場之汽車油箱或加油站之地下儲油（管）槽竊取汽油。

（八）混雜竊盜：於火災混雜中或喜宴收禮處趁隙竊取財物。

四、扒竊

指於混雜場所追隨或以手拿衣服、帽子、報紙、提包、雨傘，用來擋住被害人視線竊取其貼身財物，或從其攜帶之皮包中竊取財物。

（一）公車扒竊：公車上擠得像沙丁魚，扒竊集團的「推車」（在扒竊行動中，前後左右製造擁擠之人），其任務為掩護雞老闆（行竊者）下手。

（二）百貨公司扒竊：大都以女性為被害對象，其常見手法有1.利用人潮擁擠挑衣服時趁不注意時打開妳的手提包扒竊。2.選購衣服試穿時，手提包擺放在櫃檯上，趁機被拿走。

（三）夜市扒竊：夜市人潮擁擠趁不注意時行竊。

（四）醫院扒竊：於電梯間內扒竊或家屬於加護病房探病時間侵入家屬休息室行竊。

五、汽、機車竊盜

（一）汽車竊盜：竊取汽車。

（二）機車竊盜：竊取機車。

（三）腳踏車竊盜：竊取腳踏車。

（四）舟、筏竊盜：竊取舟或筏。

（五）重型機械竊盜：竊取挖土機、堆高機。

六、其他特殊竊盜

（一）金融卡竊盜：竊取金融卡，從自動提款機竊取現鈔。

（二）窗口竊盜：於銀行、郵局等窗口快速竊取存款、付款等。

（三）途中竊盜：竊取正為現金輸送中之銀行、郵局領錢出來於歸途中之人的財物。

（四）客室竊盜：竊取車站、貨運站等所保管或貨車等所運送之貨物。

（五）公共用電機竊盜：竊取電話機或機內之現金。

（六）自動販賣機竊盜：竊取自動販賣機或其中之現金、物品。

（七）受雇人竊盜：受雇人竊取雇主等之財物。

（八）工作場所竊盜：政府機關、公司等之職員從自己之工作場所竊取財物。

（九）同居竊盜：竊取同居人之財物。

（十）古董、藝術品竊盜：竊取古董、藝術品。

（十一）重大儀器文件竊盜：指竊取重要儀器或文件等影響國家與社會之安全情節重大之竊盜。

（十二）寶物竊盜：指政府機關所管理之國寶等寶物。

（十三）槍砲、火藥竊盜：竊取槍砲或火藥類。

（十四）動物竊盜：竊取正在飼養中之動物。

（十五）香油錢竊盜：竊取寺廟之香油錢或信徒捐獻金飾。

（十六）零件竊盜：竊取裝備於汽車、船舶上之零件、附屬品。

（十七）色情竊盜：竊取婦女之內衣褲。

（十八）室內竊盜：從屋外竊取置於室內之財物。

（十九）船上竊盜：竊取船上之貨物等。

（二十）車上竊盜：竊取汽車上裝載之貨物。

（二十一）材料放置場竊盜：竊取多量放置於材料放寬場之材料。

（二十二）施工場所竊盜：竊取放置於施工場所之施工材料、工具等。

（二十三）花園竊盜：竊取花園內之樹木、盆栽、庭石等。

（二十四）田野竊盜：竊取田地、山林之農作物等。

（二十五）電纜竊盜：竊取室外電纜線。

第二節　竊盜犯罪手法

一、手法分類

竊盜行竊的手法，類型迴異，不一而定。竊盜犯罪類型並無固定以及最新的分類方式，下列分類方式係依據1997年中華民國刑案統計算比較詳細的分類方式（如圖2-1），分述如下：

（一）侵入竊盜

1.非暴力侵入

包括越牆、向鄰屋爬入、由鐵窗窗戶氣窗冷氣孔爬入、由支架及鐵架爬入、由通常進入之樓梯進入、藉木柱翻越、利用繩索、鐵鉤進入、由防火安全梯進入、由電桿排水管空調口進入、由陽台侵入、闖空門、開鎖進入、預先潛藏、竹桿鉤取、由屋頂侵入（未破壞）、竊取電磁紀錄等16種方式侵入。

2.暴力侵入

包括破壞門鎖（把手）、破壞門板及紗門、撬開鐵門、破壞窗戶及玻璃、破壞鐵柵及欄柵、破壞壁及牆壁、門上鑽（撬）孔、破壞屋頂及天花板、掘洞、破壞保全系統、竊取電磁紀錄等11種方式行竊。

（二）非侵入竊盜

1.扒竊

包括共犯掩護扒竊、衣物掩竊、割物行竊、跟蹤扒竊、乘擁擠時扒竊、上下車行竊、故意碰撞扒竊、教唆扒竊等8種方式行竊。

2.內竊

包括同屋行竊、監守自盜、親屬竊盜、傭役（侍者）行竊等4種方式行竊。

（三）保險櫃、自動提款機竊盜方式

包括：撬開機櫃、整個機櫃搬走、折斷（壓）機櫃、用乙炔切割、機櫃鑽孔、鋸開（斷）機櫃、試開機櫃（含逼供取號）、炸藥炸開、竊取或窺記密碼等9種方式行竊。

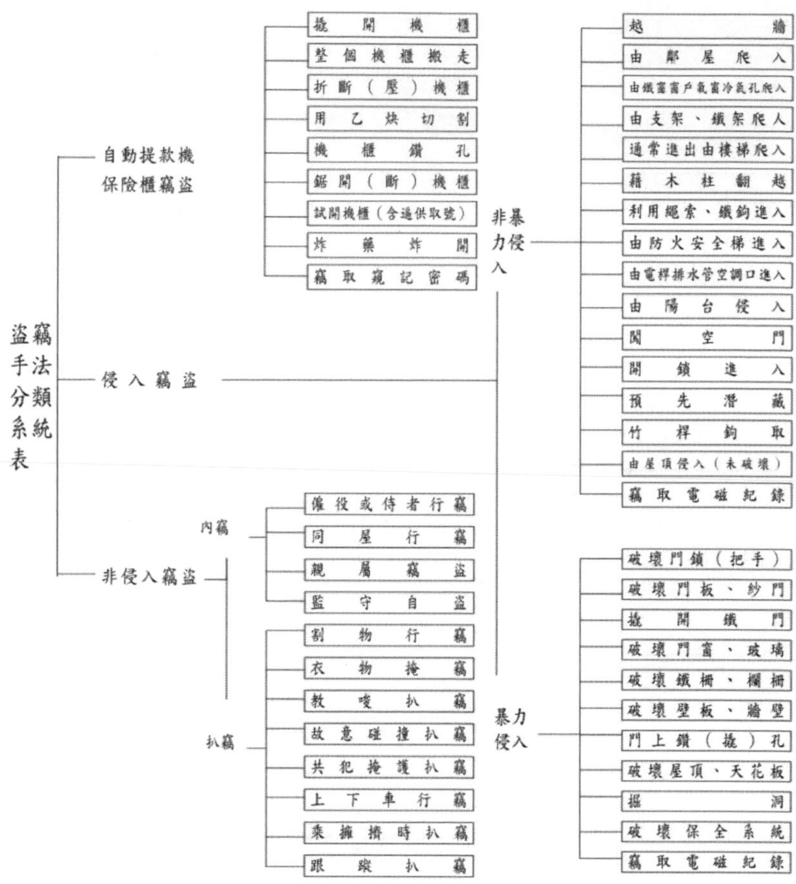

資料來源：引自中華民國刑案統計（1997）分類方式

圖2-1　竊盜犯罪手法分類系統

二、手法特徵

（一）標籤型徵候

利用白天觀察住戶動態找對講機逐樓逐戶按，若住戶無人回應則利用小張貼紙或用原子筆在對講機按鈕做記號或在信箱做記號。隔天再按一次或就直接進入行竊，此類手法很普遍，只要住戶稍有警覺，不難發現竊賊即將到來。

（二）喜帖型徵候

專門搜括信箱內喜帖，查閱結婚家庭地址，結婚當天用餐時間，結婚家庭親朋好友均到飯店用餐之際，直接到結婚家庭偷竊。

（三）詐欺型徵候

偽造第四台人員修理線路或偽裝瓦斯公司人員抄錶混進去然後伺機偷竊。

（四）駐足型徵候

利用全家外出聚餐或進百貨公司、看電影之際。作案時間大多在晚上天黑後18-21時間，竊賊躲在車內或在四周觀望，待住戶熄燈外出後確定無人再大方進入偷竊。

（五）演習型徵候

大都以夜間、銀樓、珠寶業或賣場居多，竊犯故意或無意間觸動保全系統或警民連線，讓警察或保全人員抵達現場，由於夜間無法進入查看，只能在目標物週遭觀察，此時竊犯還繼續躲在屋內暗處，觀察抵達人員動作，待警察人員或保全人員離開時再行竊，期間若再觸動警鈴，極易使警察人員或保全人員誤判係線路問題未再前往。此類手法防制之道就是聯絡負責人到現場將電源打開一遍，讓竊賊無所遁形。

（六）攀沿型徵候

此類手法專偷高樓，俗稱「蜘蛛大盜」，利用攀沿工具至樓頂陽台以倒掛方式攀沿而下進入未裝鐵窗樓層行竊。

（七）通訊器材聯絡徵候

竊盜集團行竊大多有一人把風，而其通訊聯絡大多用無線電對講機，而不用大哥大，因大哥大需撥十碼費時有時因死角關係撥不通。無線電對講機發話靈活方便（有隱藏型）。

三、破壞手法及工具

實務上所發生之竊盜案，十件有九件幾乎都是被以破壞的手法，將鎖具破壞而侵入行竊，很少有被竊賊以開鎖方式進入行竊的，所以本章節將常用破壞手法、破壞工具、行竊工具等，加以分析，希望就偵查竊盜案之角度，或防制竊盜案上能有所助益，也使讀者對各種鎖具，被何種行竊工具、行竊手法能有初步之認識。目前查獲竊盜案，依竊犯所攜帶之行竊工具，確實是五花八門，從小型螺絲起子到大型油壓剪、鑽孔機都有，甚至有為了竊取銀行提款機，而使用挖土機等大型工具，但實際上幾乎每一件竊盜案，歹徒幾乎都是使用破壞法較多，鮮少有竊犯具備有高超的開鎖技能，所以竊犯所攜帶的還是以破壞工具較多，以下就簡單介紹常見竊犯使用之行竊、破壞工具及其破壞手法（何明洲、楊士隆，2017：55-70，何明洲所撰）：

（一）管鉗把手

管鉗把手一般使用於破壞喇叭鎖較多，因為它可調整夾住任何圓形物品，所以許多竊犯用來夾住喇叭鎖，用力旋轉，即可使喇叭鎖內珠子破壞，達到開啟目的，另外它也可以用來夾住任何鎖心外露之鎖具。

（二）鐵撬、鐵鎚

鐵撬的材質一般都是鋼製品，常見板模工用來撬開板模使用，而竊犯用於撬開門板、門鎖橫栓，它的力道強勁，能輕易撬開門縫、門板，破壞力相當大，另外也有歹徒使用鑿子，鑿子破壞門鎖情形。另外在實務上處理保險櫃竊案，幾乎所有的保險櫃都是被歹徒以鐵撬撬開來的。而辦公室之抽屜鎖也幾乎都是以撬子敲開來的。歹徒的目標僅求儘速得手，所以以鐵撬撬開保險櫃的方法最快，而行竊時間如在夜晚，竊犯為了怕聲響過大，往往將保險櫃移至地上，下面再墊以沙發之海棉墊，如此就不會產生聲響被人發現。另外鐵撬工具並不只限於鐵撬，有許多竊犯以大型螺絲起子用來撬開抽屜、門鎖。也有竊犯使用大型螺絲起子破壞汽車門鎖。抽屜鎖不管是單一抽屜鎖，或是串連式抽屜鎖，其防盜效果都是很脆弱，許多公家機關遭竊，或是辦公室遭竊，幾乎都是抽屜鎖被強行撬開，也有許多住家大門、保險庫大門同樣被輕而易舉的撬開。以鐵撬撬開各種鎖或門鎖幾乎是最常見之手法，也是實務上處理竊盜案碰到最多的，因為竊犯不分新手、老手，只要攜帶一支小型鐵撬或螺絲起子，就可破壞各種鎖具，例如許多青少年撬開自動販賣機、路邊停車設備等竊取零錢。而鐵撬若以手拿，必須花費很大的力氣，所以有許多竊犯以鐵鎚來破壞門鎖，其破壞手法五花八門。

（三）充電式電鑽

一般而言；會使用此種工具之竊賊，對鎖的結構都是非常了解，此種工具對鎖的破壞力相當強，從警方查獲竊取公用電話零錢箱、路邊停車收費器等竊案可發現竊犯均使用此種工具，公用電話零錢箱用的鎖是屬於半圓鎖（又稱D型鎖），此種鎖若以開鎖工具並不好開。另外現在許多竊取賓士車之竊犯，也是使用充電式電鑽，於賓士車後行李箱鑽孔，開啟車門，再接通電源竊取得手，實務上許多竊犯以該工具鑽開門鎖、門板、或鑽開多個孔狀後，再以鑿子鑿開（近來多處提款機、保險庫均被此法破壞行竊得手），所以當我警方於路檢盤查車輛，發現攜帶充電式電鑽者，或其他相關工具，就必須多加注意。

（四）鯉魚鉗

鯉魚鉗一般用於夾住喇叭鎖，亦屬強行破壞，或將鎖蓋退開，再以一支橫桿轉動連桿就可達到開啟的目的，或是直接夾住喇叭鎖用力扭轉，亦可達到開啟效果。防制鯉魚鉗比較有效的方法，就是裝鎖時儘可能將鎖心部位後縮，讓鯉魚鉗無法夾到，如此才能達到防制效果。

（五）T型扳手

許多竊犯將鋼製的T墊扳手磨成鎖匙的形狀，將它插入鑰匙孔內，強行旋轉，因為鎖一般都是銅製品，且汽、機車鎖鎖內結構都是葉片，而葉片抵擋不住其強勁力道，往往就被強行破壞開啟了。而一般門鎖或掛鎖的結構都是珠子鎖，珠子也是銅製成的，所以也無法抵擋鋼製T型扳手強勁的力道，亦會被強行破壞開啟。

（六）鋼剪

鋼剪幾乎是一般竊犯必備之工具，因為現代家庭幾乎家家都裝有鐵窗，所以竊犯每次行竊都會攜帶鋼剪，用以剪斷鐵窗鐵條，再破壞窗戶侵入行竊。

（七）水泥鑽孔機、振動機

現在有愈來愈多的竊犯使用這種裝備，原本這項工具，是使用來裝分離式冷氣鑽牆壁孔用，以及鑿穿牆壁。水泥牆使用的，由於它力道強、速度快，所以竊犯拿來鑿壁用於行竊用途，唯一的缺點就是鑽牆壁產生的聲響很大。在實務上有許多金融機構、銀行於休假期間，被鑿穿牆壁穿牆而入，就是使用這種工具。另外有許多住宅緊鄰隔壁有正在施工之房屋，也經常會被以這種工具穿牆而入進入行竊，因為其產生之聲響，使一般人認為正在施工，而不以為意。

（八）電話卡或其他軟質卡片

一般住宅大門除門鎖為比較堅固之三段鎖或其他門鎖外，其餘房間門鎖幾乎都使用比較方便之喇叭鎖，而喇叭鎖只是使用上較為方便，其防盜效果並不是很好，一般喇叭鎖上鎖，用手無法轉動鎖頭，但是喇叭鎖的鎖舌幾乎都是軟的，只要有一硬物插到鎖舌，能使鎖舌後縮，就能達到開啟的目的，使用此法亦要看門縫之間隙，若間隙很大則可用電話卡很快打開門鎖，若是門縫間隙過小，竊犯都會使用長度較長之軟質卡片加以深入鎖舌部位，此法一般都用來插喇叭鎖或其他鎖具之鎖舌，使鎖舌後縮而達到開啟的目的。

（九）燒焊工具

燒焊工具可分為大型和小型等不同工具，一般小型燒焊工具（燈槍），此種工具用來對著玻璃窗之玻璃燒，燒紅玻璃後以濕布覆蓋玻璃，利用「熱漲冷縮」原理使窗戶玻璃無聲破裂，再打一小型洞，用來推開窗戶橫匝，而打開窗戶。而大型燒焊工具則是鐵工廠用來燒焊鋼材使用的，現代家庭大門幾乎都使用鋼鐵材質，窗戶部分則加裝鐵窗，若是以鐵撬來行竊，可能會產生巨大聲響，容易被人發現，而燒焊工具則不會產生巨大聲響，且燒焊工具能切割的鐵材厚度又大，所以是許多竊犯非常喜歡使用之工具，惟燒焊用的氧氣、乙炔鋼瓶於購買時均有登記，所以竊犯要取得燒焊工具時，都會前往施工中的工地竊取，因為施工中的工地，工人於下班後很少會把燒焊鋼瓶載回，所以竊犯將它竊來當作行竊工具，行竊得手後就將鋼瓶棄置現場，使警方無法查出，而以燒焊工具來切割大之門後鈕不僅速度快，更可將整扇大門輕鬆移走。

（十）油壓器材

我們都有前往修補輪胎之經驗，而修補輪胎業者都使用油壓設備，將整台車撐高，以利拆卸輪胎，可見一支小小油壓器，其力量有多大，許多竊犯以油壓器材再套上組合式鋼管來頂住大門鎖具，再將油壓加壓，其所產生之推動力，足以將整扇大門逼開，把鎖具破壞，如此達到開啟大門之作用而侵入行竊。另外有許多行竊汽、機車之竊犯也會使用油壓器材，將它架在汽、機車下方，然後將附有輪子之油壓器加壓，將汽、機車前輪或後輪撐高，再拖著走。

（十一）鋼鋸

許多家庭為防竊，幾乎都加裝鐵窗或鐵門，而這些鐵製品的防護作用並非全然安全，許多竊犯每次行竊幾乎都會攜帶鋼鋸，用來鋸斷鐵窗，以便侵入行竊，另外鋼鋸可將保險櫃門鈕卡榫部位鋸斷，將保險櫃整扇大門卸下。

（十二）鋼管切割器

為竊賊常用工具，主要針對空心鐵窗鋼條或鋁窗切割。

（十三）玻璃切劃器

從實務處理竊盜案上發現，有許多處所加裝保全或防盜設施，但是仍然遭竊，因為竊賊觀察行竊處所，發現住戶於玻璃或窗戶上加裝磁簧感應器或紅外線感應器，所以當玻璃或窗戶被拉開，就會發出信號或警報，竊犯就不敢貿然打開窗戶，於是使用玻璃切割器，再利用吸盤，將整塊玻璃切割開拿掉，如此就不會觸動磁簧開關，也不會發出警報信號，而侵入行竊，另外有許多竊犯於行竊商家有展示櫥窗，或是遇到玻璃部分，也常會以玻璃切割器，將玻璃切割開行竊，甚至直接前往破壞保全系統。

（十四）拖吊工具

此法一般都是用來竊取汽、機車使用的比較多，因為現在許多車主擔心汽、機車被偷，所以加裝許多防盜設施及鎖具，造成竊犯要當場偷走比較困難，也相對延長其行竊之時間，但竊犯的腦筋相當好，乾脆以拖吊車輛，佯裝成拖吊工人或汽車修理廠人員，大大方方將整車拖吊竊取，將車偷回倉庫後再逐一解開鎖具，利用此法更加縮短行竊時間，此法一般都用於偷竊汽車，而偷竊機車幾乎都以廂型車載運，因為機車的防盜鎖幾乎都安裝在前後輪，而竊犯要以很快的速度偷走，幾乎都是整車抬上貨車，若以開放式車車斗之貨車載運，較易被發現，所以竊犯幾乎都以廂型車載運，比較隱密。

（十五）攀降、攀爬設備

現在都會區大樓林立，而每一個家庭幾乎都外出工作，有許多竊犯利用機會混入大樓，上到頂樓陽台，將攀降設備綁於頂樓水塔或樑柱，再下降到每一層樓住戶侵入行竊，此種手法又稱為「蜘蛛人」。此外若兩棟大樓中間之間隙（防火巷）不大的話，亦有許多竊犯利用攀降或攀爬設備，來回穿梭在每一棟大樓行竊，而攀爬設備相當多，有的歹徒利用第四台或電力公司，架設電線人員使用之攀高梯，由樓上侵入行竊，也有歹徒利用吊車之昇高機來侵入行竊。

（十六）汽、機車相關防盜鎖之破壞

現在國內汽、機車的失竊率居高不下，造成許多車主擔心愛車失竊，紛紛加裝許多防竊措施及鎖具，而「道高一尺，魔高一丈」。不管車主加裝何種防盜鎖，竊犯總是有辦法順利偷走，以下就是常見之手法：排檔鎖部分：竊犯將排檔握把卸下，以拔釘器撬開即可排檔。拐杖鎖部分：竊犯以鋼鋸鋸開方向盤，就可以順利將拐杖鎖拿下，將車竊走。方向盤鎖部分：竊犯同樣以鋼鋸鋸開方向盤，將方向盤鎖整支拿掉，同樣能夠順利竊取得手。現在有許多竊犯不偷車，專偷車上重要零件，例如安全氣囊，因為安全氣囊的價格非常昂貴，竊取得手一樣有很高的利潤，且偷竊時間迅速，贓物又好攜帶及銷贓。

（十七）無線掃描器

根據目前市面上各種廠牌捲門及汽車防盜遙控器資料開發、設計製造，採寬頻設計，頻率從200MHZ-480MHZ解碼率高，捲門或汽車配合，捲門專用微動開關感知器及汽車專用聲光感知使用，可讀取遙控器之資料密碼，並可再直接轉入燒錄，拷貝再生。發射功率可選擇，短距離及長距離掃描，準確度高。已知廠牌之遙控器，可設定自動掃描亦可設定手動方式掃描捲門與汽車遙控分區設定，掃描時間縮短，在操作掃描器

時，只要對準遙控接收主機處，即可開啟被害人鐵捲門或汽車車門。

（十八）灌膠開鎖

將快速乾固化學膠質灌入鑰匙孔內瞬間凝固成複製鑰匙後行竊。

第三節　防竊設備

一、防竊硬體設備

（一）防竊硬體設備分析

住宅建築除了鋼筋水泥主要構造形成主體物外，其他與竊盜侵入方式有關，且必須具備防範及防破壞侵入之一切材料設備，均稱為硬體設備，茲分述如下（楊士隆、何明洲，2017：241-270，何明洲所撰）：

1.門

竊賊侵入建築物慣用手法大多是破壞門、鎖、窗或鐵窗進入行竊。因此，門的選擇就非常重要，在材質上硬度要能夠防撬。門板上應設窺孔，門和門框間最好有凹凸接合及暗門閂鏈鎖安全設計，讓竊犯即使用大型扳手亦無用武之地，接頭絞鍊部分材質硬度尤其重要，目前坊間公司已有用錳鐵材質，歹徒破壞困難度高。

2.鎖

鎖是最基本保護財物之道，目前坊間公司已研發出所謂高級精密、複雜之鎖鑰。除外更高科技產品均已陸續推出，例如指紋機、密碼式亂碼鎖、反脅迫密碼保全系統、臉部影像辨識系統，只要在幾秒之內就可完成分辨，決定是否開門。總之，門鎖的確是避免竊犯侵入最重要的設備，生物晶片辨識鎖利用科技增加入侵的困擾，建議以科技設備解決問題，儘量不用土地來解決問題（如圖2-2）。因此，材質良好的鎖最重要。如此才能達成理想的防竊功能。

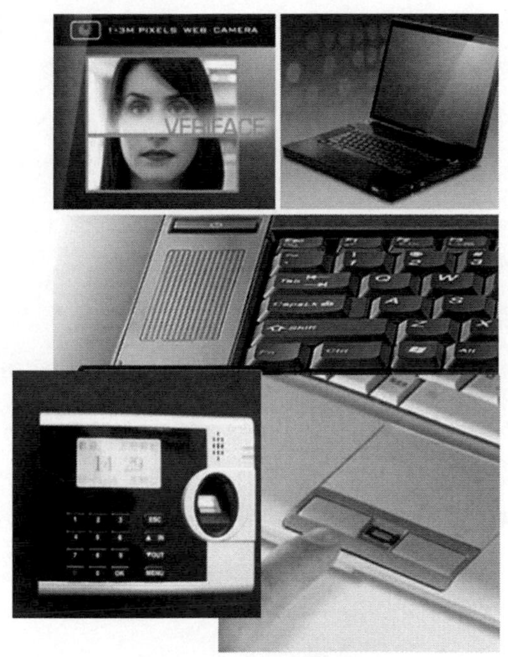

圖2-2　生物晶片辨識鎖

3.鐵窗、捲門、窗戶

鐵窗、捲門、窗戶是防止竊犯入侵的防護措施，現階段治安環境而言，是非常需要的，除了美觀、通風設計外，最重要的是這些阻絕設施能發揮防盜功能。因此，如同門鎖一樣材質的選擇非常重要和關鍵，簡言之，就是不易破壞，就多一層保障，不過要注意的是鐵窗的逃生孔非常重要，逃生孔鑰匙全家大小每人至少要有一把，公用一把吊掛在逃生孔附近牆壁上，萬一遇到火災時才能快速逃出去。

4.圍牆

圍牆材質須堅固，高度須適當、圍牆上頭最好再裝設一層鐵絲網或碎玻璃、四週若有監視器則更具有嚇阻功能。值得一提是圍牆內最好不要種植叢生的植物或高大灌木，尤其沿牆邊種植，這些都可能變成竊犯或歹徒理想的攀爬或掩護地方。

5.燈光照明

燈光照明良好處所可有效嚇阻犯罪行為，降低民眾之犯罪恐懼感。小偷就是偷偷摸摸才叫小偷，如果居住環境四週黑漆、道路黑暗就是竊犯活動的好時機。因此，路燈提供一般民眾良好屏障，再則社區內停放大量機車，若能裝設自動啟動裝置之照明設備，有人靠近燈光立即打亮，對防竊有絕對的效果。

6.隱密設備之設計

曾經有一位慣竊說：「破壞門鎖、鐵窗徒弟就夠，能從最短時間找到最貴重的東西才是師父」，可見竊犯找東西才是他們的本領。因此家裡貴重東西最好擺在銀行保管箱。但有些金飾是外出時佩帶使用，全部擺在銀行保管箱，亦相當不方便。因此，家裡若有隱密設備設計供擺放，會多一層保障。舉例：在衣櫃木工裝潢時，可在上、下抽屜間設計一個暗小抽屜。外表看不出來有小抽屜存在；書櫃、酒櫃不起眼的地方設計一個暗門，小偷無法察覺等。記得小偷不是神，有時小動作設計會很安全的。

7.防盜、防災電視對講自動化系統、門禁管制與中央監控設備

(1) 防盜防災電視對講門禁管制大樓自動化系統

自動化設備，將住戶之電視對講門禁管制系統，門鈴對講系統，住戶之防盜、防火、瓦斯漏氣警報、全自動防災系統、緊急求救系統，集中於中央監控中心之監視盤，予以監視管理，確保大樓住戶生命財產安全。

(2) 門禁安全管制系統

A.近接感應式門禁管制系統

於一樓共同玄關大門入口，地下室樓電梯間出入口，設近接感應式門禁管制系統。大樓內住戶持同一張近接感應卡，可自由進出開啟設有近接感應式門禁管制系統之門。訪客進入大樓內部前，先經管理員與大樓

住戶聯絡對講，住戶從電視對講機上確認訪客後，再予以換證件。訪客一進入大樓一樓玄關開始，電梯箱內，每層電梯間即予監視錄影存證，且配合電梯樓層動向顯示盤監視其所住之樓層，確保大樓內部安全。

B.反脅迫密碼設定系統

每戶設反脅迫密碼設定系統，住戶返家時可操作反脅迫密碼設定系統解除防盜警戒，此系統平時使用於密碼設定及解除之功能，當緊急時或遭脅迫時按下特定之密碼，管理員室會有警報信號告知管理員立即處理。

C.CCTV自動化閉錄監視錄影系統

於電梯間、電梯箱、一樓玄關與地下室等休閒活動場所、停車場入口與停車場內部設CCTV自動化閉錄監視錄影系統，用以輔助上述系統或管理員無法監控到的地方，全天候24小時監視錄影存證。訪客與住戶一進出本棟大樓內部，即開始全程自動監視錄影存證，以確保停車場內部座車、人員與大樓內部住家安全。

D.中央安全主控監視系統

此自動化系統（e-home）除將住戶防災電視對講門禁管制自動化系統、門禁安全管制系統、CCTV自動化閉錄監視系統，集中於中央監控中心之複合防災警報監視盤，予以監視管理外，亦將停車場進出遙控門禁管制及燈號管制系統，地下一、二樓對講及緊急求救系統，自動感應照明系統，泵浦動力、水位遠隔監視與電梯樓層動向監控系統，集中於中央監控中心之複合防災警報監視盤，有狀況即予監視管理。

8.E-HOME連線系統

隨著科技進步，有很多新科技設備，第一時間雖然人不在建築物裡面，但在建築物被侵入時，從個人手機即會接收到訊息，並清楚了解到歹徒狀況，E-HOME連線系統就具備此項功能（如圖2-3）。建議規範到未來的營造法規裡面，可以增加房屋的安全性。

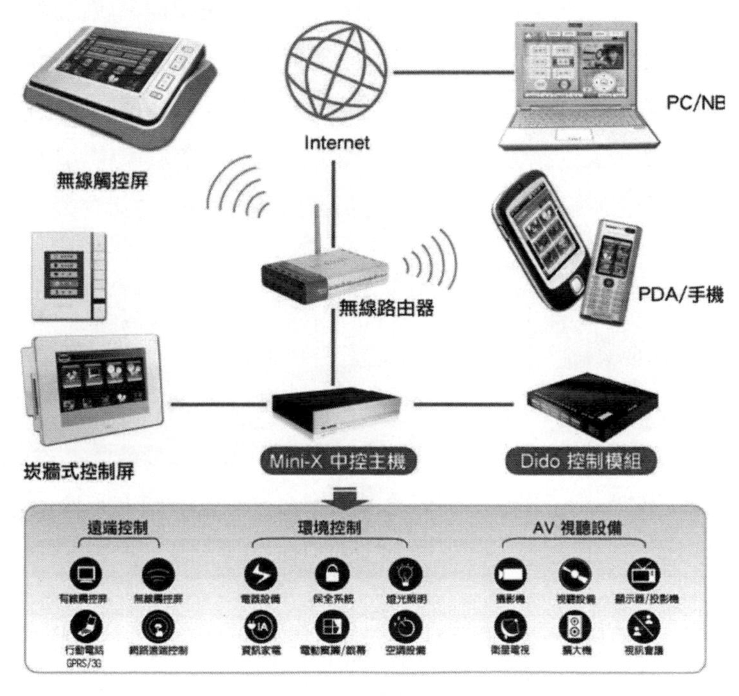

圖2-3　E-HOME連線系統

9.家戶聯防

（1）簡單型

左鄰右舍拉線以聲響或警示燈顯示傳達危急狀況，用於求救或代為報警處理。

（2）語音型無線保全系統

坊間公司所研發，當家中發生狀況或夜歸婦女於樓梯間遭威脅時，以無線遙控啟動安全系統，警示訊息無人回應時，安全系統會啟動自動通訊網路，按原設定順序以電話、呼叫器或大哥大通知主人，家裡所發生狀況或自動報警。安全系統亦可與大樓管理站中央監控系統電腦連線，將所發生的狀況顯示於電腦螢幕，以利管理判斷處理。此套系統並兼具有主人在外地時，可藉由電話撥接啟動家中攝影機，連接一般電視畫面，監看家中情形，發生狀況通報時，也可啟動鏡頭監看遠端，錄影存證。

10.保全系統

保全業務，經營場所相當廣。如辦公處所、營業處所、工廠、倉庫、演藝場所、住居處所、展示及閱覽場所等等均是，大致上保全方式分系統保全及駐衛保全，而駐衛保全必須落實門禁管制工作，才能有效遏止竊案發生（王振生，2003：1-4）。

（1）系統保全

又稱為機械保全，係由管制中心警報系統（central station alarm systems），所欲保護房屋內之偵測器、主機、密碼盤、刷卡機及通訊線路（一般電話、專線電話、無線電、行動電話、網路）等組成，也就是利用各式保全設備，諸如門防、防盜鈴、警戒系統等器材，二十四小時提供保全服務，只要有人觸及警戒線，入侵訊息馬上傳至保全公司之管制中心，保全公司再通知巡邏人員或與警局連線，或視情況派遣機動保全人員到場處理。

（2）駐衛保全

其主要工作是門禁及車輛管制與執行客戶或公司規定，指引或護送人員至建築物內之目的地，扮演接待人員或資訊來源，或主要和安全有關工作，通常已派駐固定崗哨方式執行保全業務。警察雖有執法之公權力，但須以公共利益為主，不能為私人企業執行其規定，而駐衛保全人員係以私人利益為主，可依客戶或業主之要求監督與控制其財產與貨品。

11.社區寬頻網路監控設備

指在社區內公園、重要路口、巷口、死角處安裝攝影機，然後由攝機將所攝取到視訊畫面轉換成電腦影片送到網路主機上，供住戶透過網路觀看且可儲存，可謂全民監視，使宵小無所遁形。

12.保全設施

（1）保全業務範圍

依據保全業法保業得經營下列業務：

A.關於辦公處所、營業處所、廠場、倉庫、演藝場所、競賽場所、住居處所展示及閱覽場所、停車場等防盜、防火、防災之安全防護。

B.關於現金或其他貴重物品運送之安全維護。

C.關於人身之安全維護。

D.其他經中央主管機關核定之保全業務。

(2) 經營保全業應有設備

依保全業法規定經營保全業應有下列設備：

A.固定專用營業處所。

B.自動通報紀錄情況管制系統設備。

C.巡迴服務車：其經營第四條第二款之業務者，並應有特殊安全裝置運鈔車。

D.其他經中央主管機關依經營項目核定應有之設備。

(3) 運鈔車

依保全業法施行細則，規定運鈔車應有下列設備：

A.防彈裝置。

B.自動報警系統。

C.防盜、防搶裝置。

(4) 居家保全系統功能

結合防盜、防災、緊急救援、自動化全功能電腦傳訊主機，採用可區別使用者卡號之卡片操作，靈活設定及解除無線電緊急通報按鈕，可在室內任何地方、時間發出緊急救援及醫療救援信用，同時以E-HOME連線系統。

13.GPS汽車衛星定位系統

（1）國外應用情形

GPS目前在國外應用已經相當廣泛，例如：全球性連鎖租車公司赫茲（Hertz）和艾維斯（Avis）兩家公司的車隊、希爾頓飯店的車隊、美國城市的救護車、奧士摩比（Oldsmobile）汽車公司出產的新車、歐洲著名車廠Mercedes Benz、BMW的車型及許多貨運公司的車隊等，都實際受惠於GPS衛星定位科技的益處，GPS衛星定位在全世界是一個極具發展潛力的明日之星產業。

（2）國內應用情形

台灣所有汽車製造廠都算是外國車廠在台灣的組裝工廠，新產品的導入都比原廠晚，但是台灣擁有大批極優秀的高科技軟、硬體人才，GPS應用科技的基礎已經相當成熟，所以近年來已陸續有很多車輛裝置GPS衛星定位系統。且可預見使用者會日益增多。

（3）GPS功能

A.當車輛被竊時監控中心可立即獲知並採取斷油、斷電措施並告知車主。

B.能掌控車輛狀態及位置。

C.由於衛星通訊關係，只要裝置在車輛上發報器能正常將訊號發射出去，不管停放何處，監控中心均能控得到。

二、常用鎖具及開鎖原理

（一）門鎖：喇叭鎖

喇叭鎖是日前行銷是廣，也是一般家庭最普及的鎖，因為其具有實用經濟美觀及使用方便的特性，因此一般民眾在住家房門都樂於使用，一般家庭除了住家大門及後門外，其他的門鎖大部分都是採用喇叭鎖，可見它的占有率，也就是因為它的行情看好，無形中廠商的競爭，相對的也比較激烈，各種形式的喇叭鎖不斷的求新求變，尤其人們生活素質層面的提高，將喇叭鎖視為裝飾品的人也不在少數。

1. 喇叭鎖的種類：一般喇叭鎖、中空喇叭鎖、押式喇叭鎖。
2. 喇叭鎖的用途：房門、廁所、通道、重要房門管制。
3. 喇叭鎖材質：不繡鋼、青古銅、紅古銅、白古銅、包金、亮銅、黑色、木殼。
4. 喇叭鎖外殼：圓形、圓弧形、圓柱形、柳腰形、五角形、多角形、花瓣形。
5. 喇叭鎖開鎖方法。

喇叭鎖可從門內押鍵直接下押而達到上鎖目的，所以使用上非常方便，然而每次發生竊盜案，幾乎喇叭鎖可說是都被破壞，而正統的開法是以一支傳動桿，帶動鎖心，另一支撬子刷撥鎖內下珠，至鎖體與鎖心交界處，使鎖心能夠轉動，這樣喇叭鎖就被打開了；另鎖槍亦是常見的開鎖工具。

另外若不以開鎖工具開啟喇叭鎖，常見有人以電話卡或是其他軟質卡片插入喇叭鎖的鎖舌部位，使鎖舌後縮而達到開啟的目的，惟此法僅限於門縫有間隙，使電話卡等卡片能插入，若門縫間隙過小，或將鎖舌裝成反向，則無法以此法順利打開。

（二）浴室廁所專用喇叭鎖

浴室廁所專用的喇叭鎖又稱硬幣鎖，只需用硬幣轉動即可開啟，因為浴室廁所並沒有貴重物品，其上鎖的目的只是要讓人知道，浴室廁所現在有人在裡面使用，若遇到緊急狀況，例如家裡有老人進入洗澡，突然有緊急狀況，如中風或休克，此時可以用硬幣將門鎖打開，進入處理。

（三）刷卡型大門電鎖

現在工商社會，愈來愈多公寓、大樓，於公眾出入大門採用刷卡型大門電鎖，作為人員進出之門禁管制，若非大樓住戶，沒有磁卡則無法進出。

（四）鐵捲門系統

現在許多商家、住戶、倉庫、車庫均使用鐵捲門，而鐵捲門的面積大，使用遙控器遙控開、關門動作甚為方便，而鐵捲門旁常有一扇小門，作為一般進出使用，而不必經常開啟大片捲門，其裝的鎖，電源開關盒。

（五）住宅大門鎖

1.三段鎖、四段鎖、多段鎖：

現代工商社會，一般民眾幾乎都大門深鎖外出工作，深怕被宵小侵入，所以大門鎖具幾乎都選擇較具防盜效果之三段以上之門鎖，安裝在鐵門、硫化銅門上也有少數安裝在木門上。

一般民眾在購屋，除了本身附帶的門鎖上外，為了能保障安全也都會請鎖匠多安裝一個鎖，此時大多選擇三段以上之多段鎖，目前市面上有各種形狀之多段鎖，如十字型、五面型、圓形、伸縮型、防撬型等等種類多的不勝枚舉，但根據消基會受台北市政府警察局委託，聘請學者以各種科學實驗的量化數據鑑定各門鎖的品質，經過測試認為以固定式鎖頭鎖心內藏式葉片之多段鎖防竊品質最高。

2.三段型、四段型、多段型鎖開鎖方法：

目前市面上有人開發各種多段鎖的制式開鎖工具，也有些鎖匠依據開鎖需求，自行製造或研磨相關開多段鎖之工具，但離不開需有帶動鎖心之傳動桿，及撥動珠子或葉片之撥桿，另外需要一提的是撥動珠子後，多段鎖需在鎖孔塞進棉條或絲襪，以防止珠子於轉動時再掉入鎖孔內，就必須再重開一次或多次。

（六）電門鎖

電門鎖幾乎都用在大樓公共出入大門上，電門鎖用在當大樓住戶返回時，按對講機，屋內的人按開門鍵，大門就自動開啟，而電門鎖也可以直接用鎖匙開啟，其原理是鎖心轉動時，帶動傳動桿接觸到押片而通電，使鎖舌收縮達到開啟的目的。

開啟電門鎖，若無鎖匙以一自製之彎型鐵撬，繞過鎖心直接伸到鎖心後方，將其押片抬高，使其接觸到通電條，亦能達到開啟的目的。

（七）桌鎖（依桌子材質又分木桌鎖、鐵桌鎖）

木桌鎖的構造分為鎖頭、底板、固定撥片、傳動片、鎖舌、彈簧。

鐵桌鎖乃現在辦公桌最多之鎖，一般都裝置在抽屜上，有鎖單一抽屜用，也有鎖整排抽屜用之串聯式抽屜鎖。

（八）串聯式抽屜鎖

在每一個抽屜右方都有一個檔片，當鎖押上時鐵櫃有一連桿會往上升，扣片剛好擋住了這個檔片，抽屜就因為這個卡住關係而達到牽製作用，使抽屜無法開啟。

（九）單一抽屜鎖

這種鎖為單獨鎖住一個抽屜用，必須旋轉三百六十度才能達到開、關的目的，如果不用鎖匙開關，而是以撬子將鎖心帶動後，於轉動一百八十度後（也就是鎖心轉動半圈）上珠會卡住鎖心，而使鎖心無法再度轉動，此時必須再度以撬子將上珠子全部頂開，再以傳動工具轉動，這樣很快就能將鎖打開了。但無論是單一抽屜鎖或串聯抽屜鎖，竊賊竊取時往往是以鐵撬將整個抽屜撬開，所以其防盜效果並不是很好。

（十）十字形鎖

鎖孔的變化可說是千變萬化，一般鎖孔單面珠子結構的鎖具，被以傳動桿帶動後，刷撥珠子後就輕易打開，於是鎖具製造業者就將鎖改變成十字形，讓鎖孔四面都有珠子，使意圖開鎖者無法輕易撥動珠子，而輕易將鎖打開，然而只要一個新的鎖問世，立即有人研發新的開鎖工具，十字形鎖的開鎖工具：它的開鎖原理是有四面彈性撥條，以抽送彈動之原理，另有一圓形二鉤之傳動桿，鉤住十字形鎖孔，藉以帶動鎖心，如此很快就能將十字形鎖打開。

（十一）圓形鎖

剛剛介紹十字形鎖也很快被破解，於是製造鎖具業者立即又將鎖孔改變成圓形，使傳動桿無處可鉤，然而開鎖業者腦筋也動的非常快，又針對圓形鎖研發新的開鎖工具。

其原理是將兩個壓花之半圓形傳動桿撐在圓形鎖鎖孔內，藉以帶動圓形鎖心，再將撥桿深入鎖孔撥動鎖珠，直到鎖心微動，再於鎖孔內塞入絲襪或棉條，使其他鎖珠不會於轉動時再掉入鎖心內，如此轉開之圈數，即可順利開啟圓形鎖。

（十二）工字型、魚排型、卡巴鎖等

這些鎖的結構原理也離不開在鎖心及鎖孔做變化，讓一般開鎖工具無法順利伸入，就算能伸入也無法順利帶動鎖心，以達到防衛的功能。然而市面上有人針對這些特殊鎖心的鎖，製造特殊之制式工具（如火箭筒開鎖器、反向器等），亦有鎖匠自行根據需要，研磨相關開鎖工具，然而這些特殊形狀的鎖，離不開一樣要有帶動鎖心的工具，並且要有撥動鎖內珠子的撥桿，如此一樣將這些特殊鎖心的鎖打開。

第四節　竊盜犯罪法律相關規定

一、竊盜犯罪之意涵

財產權為憲法所保障之基本權利，我國為承認私有財產制之國家。因此，刑法對於保護財產權之規定，亦極完備；其中竊盜犯罪為侵害財產犯罪中最重要的犯罪類型，依據我國刑法之規定，竊盜犯罪，乃意圖不法之所有，而竊取他人之財物者，所謂竊取是不依暴行，脅迫，詐欺等手段，違背他人之意思，而把他人擁有之財物占為已有或占為第三人所有，破壞其與持有物之特有支配關係的行為。

二、我國竊盜犯罪法律相關規定

我國刑法對於竊盜犯罪的處罰，設有專章規定，即刑法分則第二十九章所規定之竊盜罪，自第三百二十條、三百二十一條、三百二十三條、三百二十四條計有四條，包括普通竊盜罪、加重竊盜罪、竊用能量及親屬間竊盜等，而除該章外的刑法及特別刑法亦有規定，茲分述如後：

（一）我國刑法對竊盜罪法律規定

1.普通竊盜罪

又分為竊取動產罪及竊占不動產罪兩種，再分述如下：

（1）竊取動產罪

刑法第三百二十條第一項規定：意圖為自己或第三人不法之所有，而竊取他人動產者，為竊盜罪，處五年以下有期徒刑、拘役或五百元以下罰金。其未遂犯罰之。而未遂與即遂之區分，我實務採權力支配說，亦即以所竊之物，已否移入自己權力支配之下為準，若已將他人財物，移歸自己所持有，即為即遂；反之，則為未遂。

（2）竊占不動產罪

刑法第三百二十條第二項規定：意圖為自己或第三人不法之利益，而竊占他人之不動產者，依前項之規定處斷。本罪之行為客體為他人之不動產，所謂不動產，係指土地及其定著物。竊占仍乘人不自覺，擅自占據他人之不動產而妨害他人對物之支配之行為。

2.加重竊盜罪

我國刑法第三百二十一條對於犯竊盜罪而其行為具備特殊危險性者，設有特別加重處罪之規定，而以犯罪方法、犯罪方式、犯罪地點等行為情狀為加重之依據，稱之為加重竊盜罪。其加重條款計有六款，具備其一為已足，同時兼具數款，仍以一個竊盜罪論處，犯竊盜罪而有下列情形之一者，處六月以上、五年以下有期徒刑，得併科新臺幣十萬元以下罰金。茲扼要述之如下：

第三百二十一條

犯竊盜罪而有下列情形之一者，處六月以上、五年以下有期徒刑，得併科新臺幣十萬元以下罰金：

一、侵入住宅或有人居住之建築物、船艦或隱匿其內而犯之者。

二、毀越門扇、牆垣或其他安全設備而犯之者。

三、攜帶兇器而犯之者。

四、結夥三人以上而犯之者

五、乘火災、水災或其他災害之際而犯之者。

六、在車站、埠頭、航空站或其他水、陸、空公眾運輸之舟、車、航空機內而犯之者。

前項之未遂犯罰之。

（1）侵入住宅或有人居住之建築物、船艦或隱匿其內而犯之者

所謂侵入，仍指無正當理由，或未得住屋權人的同意，以積極的作為和行竊之意思而強行進入者，方成立本罪。行為人所侵入或隱匿之地，必須為住宅或有人居住之建築物與船艦等，方為本款之構成要件。而所謂「住宅」乃指人類日常居住之場所而言，公寓亦屬之。至於公寓樓下之「樓梯間」，雖僅供各住戶出入之通行，然就公寓之整體而言，該樓梯間為該公寓之一部分，而與該公寓有密切不可分之關係，故於夜間侵入公寓樓下之樓梯間竊盜，自屬夜間侵入住宅竊盜罪（七十六年台上字第二九七二號判例）。侵入有旅客住宿之旅館房間，因各房間有其監督權，且既係供旅客起居之場所，即不失為住宅性質，自應屬夜間侵入住宅竊盜之罪（六十九年台上字第一四

七四號判例）。

（2）毀越門扇、牆垣或其他安全設備而犯之者

毀越係指毀損或輸越，具備某一即足。門扇即門戶，具連圍牆之土地所設門扇亦包括在內；牆垣指牆壁圍垣；至於所謂其他安全設備，乃指依社會通常觀念足認為防盜之設備而言，如圍籬、門鎖等均屬之。

（3）攜帶兇器而犯之者

所謂兇器，係對人的生命身體安全具有高度危險之工具，如刀、槍、炮、彈等均屬之，其種類並無限制，行為人祇要行竊時攜帶兇器即為已足，至於有無使用，則非所問。按攜帶兇器竊盜，只須行竊時攜帶具有危險性之兇器為已足，並不以攜帶之初有行兇之意圖為必要，實務上認定攜帶小刀、短刀、剪刀、鋼鋸、起子、鉗子應成立攜帶兇器竊盜罪。

（4）結夥三人以上而犯之者

結夥，即結合夥同之意，彼此間應有共犯之意思聯絡，人數在三人以上。因須有犯意聯絡，故結夥人必須有責任能力及共同行竊犯意之行為人為限。未滿十四歲之無責任能力者與無犯罪意思者縱被邀請參與，亦不屬結夥人之內，教唆犯與幫助犯不能算入。因此，本款所稱結夥三人，係以結夥犯全體具有責任能力為構成要件，若其中一人缺乏責任能力，則雖有加入實施之行為，仍不能算入結夥三人之內（三七年上字第二四五四號判例）。

(5) 乘火災、水災或其他災害之際而犯之者

所謂乘災害之際而行竊，係災害發生當時，利用機會而行竊，若災害尚未到來，或已經過去而行竊，則無本款之適用。

(6) 在車站、埠頭、航空站或其他供水、陸、空公眾運輸之舟、車、航空機內而犯之者

所謂車站指公共運輸交通工具停靠供乘車客上下車之處所；埠頭則為供船舶停靠，客運及貨運之碼頭，旅客上下貨物裝卸之處所，其範圍及於售票處、行李託運處、候車室等凡供公眾運輸之用者均屬之。其他供水、陸、空公眾運輸之舟、車、航空機內行竊，均屬加重竊盜罪。

3.竊用能量以普通竊盜論

刑法第三百二十三條規定：電能、熱能及其他能量，關於本章之罪，以動產論。

4.親屬間竊盜罪

我國刑法第三百二十四條規定：直系血親、配偶或同財共居親屬之間，犯本章之罪者，得免除其刑。

前項親屬或其他五親等內血親或三親等內姻親之間，犯本章之罪者，須告訴乃論。

（二）我國刑法竊盜罪章以外之法律適用

1.累犯加重處罪之規定

累犯依刑法第四十七條規定應加重其刑至二分之一。

2.少年事件處理法第八十五條規定

凡成年人教唆，幫助或利用未滿十八歲之人犯罪或與之共同實施犯罪者，依其所犯之罪加重其刑至二分之一。

3.根據竊盜犯贓物犯保安處分條例第三條、第五條相關規定

十八歲以上之竊盜犯、贓物犯，有犯罪之習慣者，得於刑之執行前，令人勞動場所強制工作，強制工作處分之執行以三年為期，但執行已滿一年六個月，而執行機關認為無繼續執行之必要者，得檢具事證，報請檢察官聲請法院免予繼續執行，倘執行機關認為有延長之必要者。亦得報請檢察官聲請法院許可延長，但最長不得逾一年六個月，並以一次為限。

4.我國特別刑法對竊盜罪處罰之規定

（1）妨害軍機治罪條例第五條規定，凡刺探、竊取或隱匿非職務上所應知悉或持有之軍機者，可處五年以下有期徒刑。

（2）貪污治罪條例第四條規定，依法從事公務之人員或受公務機關委託承辦公務之人，及與前述之人共犯竊取公用或公有器材、財物者，處無期徒刑或十年以上有期徒刑，得併科新台幣一億元以下罰金。第

六條規定，竊取或侵占職務上持有之非公用私有器材、財物者，處五年以土有期徒刑，得併科新台幣三千萬元以下罰金。

此外，森林法、水利法、自來水法、郵政法及陸海空軍刑法對竊盜犯罪亦另有規定，不另贅述。

第三章

竊盜犯罪相關文獻探討

第一節　住宅竊盜犯罪相關理論詮釋

住宅竊盜犯罪，就相關理論之詮釋，可謂是理論與實務的一種結合，而用犯罪學理論來解釋被竊相關因素，更能使得在住宅防竊作為方面能有更清楚研究方針及依據。本研究以理論論點為基礎，結合專家訪談及問卷設計方式，以實務性發現用理論來驗證。

一、理性選擇理論

理性選擇理論（rational choice theory），目前已廣泛運用至解釋竊盜、搶劫、藥物濫用等行為，甚至包括犯罪決意（蔡德輝、楊士隆，2017），根據理性選擇理論的概念，美國犯罪學者西格爾（Siegel）在其著作之犯罪學（criminology）一書中論及：違法行為是發生在一個人考慮了個人因素（金錢的需求、仇恨、刺激、娛樂）和情境因素（目標物受到如何的保護及當地警方的效率）而決定冒險的時候。從事某一特定型態犯罪的決定，是在衡量各種訊息之後所作成的。而犯罪的構成決定在三種因素的選擇（Siegel, 2002）包括：

（一）選擇犯罪的地點（choosing the place of crime），包括評估標的物的安全措施、可利用的資源為何？何種地點犯罪較易得手而不易被逮捕。

（二）選擇目標（choosing targets），如竊盜犯在決定竊盜犯罪行為前，會評估目標物價值多寡、銷贓容易性、對警察逮捕的認知等，若怕被警察包圍，會避免選擇獨棟建築物下手，且大多選擇有現金交易的地方行竊，如酒吧、超市、餐廳等或觀察某家庭的生活型態再下手。

（三）學習犯罪技巧（learning criminal techniques）避免犯罪被發現，增加犯罪成功的機率。

理性選擇理論的基本論點有四（Cornish與Clarke, 1986；莊忠進，2003）：

（一）犯罪是犯罪者經過成本效益分析的結果，當效益高於成本，犯罪事件容易發生。

（二）犯罪事件的發生，是經由犯罪者理性的思考、選擇、決意等一系列過程的終點。

（三）犯罪者之年齡、經濟壓力、共犯之有無、濫用藥物與否、經驗之多寡以及技術能力，與其犯罪事件之選擇與決意過程有關聯性。

（四）選擇與決意之過程未必具有明顯意識或明確步驟，但也並非是不可預測。

二、日常活動理論

日常活動理論（routine activity theory）是美犯罪學者

Cohen和 Felson（1979）提出，認為犯罪等非法活動之發生，在時空上需與日常生活各項活動相配合，即日常生活活動型態及犯罪發生之機會相配合，而導致「直接接觸掠奪性犯罪」之發生，稱之為日常活動理論（routine activity theory）。Cohen和Felson也發現，愈不以家庭為中心之生活型態者，其家庭與個人被害的可能性愈高。Cohen和Felson認為日常活動理論，可以反映在三變項的互動上。犯罪之發生，必須在時空上三項因素聚合，而嫌疑犯是必備的要素：

（一）為具有犯罪傾向的犯罪者（motivated offender）：日常活動理論認為，非法活動與日常活動中合法活動具有共存關係，即非法活動發生，在時間及空間方面必須與日常合法活動相結合，如直接接觸的掠奪性犯罪（殺人、強盜、搶奪、強姦、傷害及擄人勒贖等）發生的前提必須犯罪者與被害者在同一時空下發生接觸，亦即此一接觸「機會」（opportunity）導致犯罪的發生。此理論並指出，社會中原本即有相當數量的潛在性犯罪者存在，如果將這些潛在性犯罪者控制在一定數量，則犯罪率應可維持不變，但由於社會變遷結果，導致人類活動型態產生變化，直接造成犯罪機會的增加，而提高了犯罪發生率。

（二）為合適的人、物或慾望的犯罪標的物（suitable target）：所謂標的物的合適性，乃根據標的物的價值（即犯罪者對人或物的標的，在物質或象徵性方面的要求）、標的物的可見性（visibility），可接近性（access）及對犯罪者防禦性（包含物品大小、重量、為預防被偷而上鎖及被害者抵抗加害者的能力等）。

（三）為足以遏止犯罪發生的抑制者不在場（absence of capable guardian）：所謂遏止犯罪發生的抑制者不在場，並非單指警察人員或警衛不在場，而是泛指一般足以遏止犯罪發生控制力的缺乏，如個人因事離開家庭或社區及被害時無熟識的人在場等是。

Felson（1998）認為影響標的物風險的要素有四：即V.I.V.A，「V」是指標的物的價值性（value），「I」是指標的物的慣性及可移動性（inertia），「V」是指標的物的可見性（visibility），「A」是指標的物的可接近性及是否易於逃脫性（acess）。而被害者可能是人，也可能是物。另監控者並非指警察或保全人員，而是指在現場或附近能遏止犯罪事件之人。因此，除警察或警衛之外，朋友、親戚、動物、監視器及一般百姓，均可謂吾人身體、財產的監控者（許春金，2006：158）。

三、警察真空理論

警察真空理論（vacuum theory of police）國內學者李湧清（1998：338）指出犯罪發生主因係因犯罪發生當時，警察絕對不會在現場，此理論認為，如果犯罪發生時警察在現場，一來竊賊必不敢太明目張膽，而警察也不會使其發生。此理論類似日常活動理論中犯罪之要素中之「足以遏止犯罪發生之抑制者不在場」，被竊產生機會便大增。因此，僱用警衛、私人保全及防盜警鈴系統等遂成為預防被竊之有效措施。

四、防衛空間理論

防衛空間理論（theory of defensible space）主要是將犯罪現象與物理環境之互動因素相互連結，Newman於1972年以其對紐約市住宅犯罪情形之觀察指出，認為可以藉由設計建築物使其對附近的空間有自然的監控力，從而達到威嚇陌生人和潛在犯罪者的目的。根據Newman研究，建築物必須具備下列四項要素（楊士隆，1995：122；郭志裕，2008：36）：

（一）領域感（territoriality）係指土地、建築物之所有權者是否將半私有（公共）用地納入監控，加以管理之情形，以強化對三不管地域之掌握。

（二）自然監控（natrual surveillance）涉及區域建築環境之設計，使土地建築所有者有較佳的監控視野，以觀察陌生人之活動，俾以在必要時採行防護措施。

（三）意象（image）大體上乃指嘗試建立一個不為犯罪所侵害並與周遭環境密切接觸之鄰里社區，以產生正面之形象，減少犯罪之侵害。

（四）周遭環境（mileu）乃指將社區安置於低犯罪，高度監控之區域，減少犯罪之活動。

五、被害因素論

史帕克斯Sparks（1981）曾針對某些人何以會多重被害（multiple victimization）因素加以研究，他認為個人或團體之所以會重複遭受被害，經研究其被害弱點及被害次數後，指出其間必然有諸多被害傾向（victiom prone），亦即有許多導致被害之相關因素；他認為因素包括個人生活特性、社會情境、居住環境及加害者與被害者之互動關係等，如居住高犯罪率地帶、具有被竊標的物之吸引及機會因素（有豪華汽車、貴重財物等）、居住高級住宅（鼓勵及挑惹因素）、家中門戶未關妥（促進或疏忽因素）、無警衛或防盜設備（弱點因素），上述被害因素促成竊盜被害之主要原因（Sparks, 1982；張平吾，1999）。

六、犯罪鐵三角（crime triangle）

環境犯罪學理論之主要核心概念即為「犯罪鐵三角」（Clarke & Eck, 2003；鄧煌發，2007：4-5），簡易表示如圖3-1。此三角之內環部分包括POV三要素：P（place）－場所；O（offender）－犯罪人；V（victim）－被害人或犯罪標的，意指了無生趣的物體（inanimate object），例如財物、建物等；此三項因素聚合之後，犯罪（或被害）事件隨即發生。易言之，犯罪僅發生在特定之情況下：犯罪人與被害人在特定處所當下巧遇，犯罪事件隨即發生。

此一鐵三角之外環部分則代表足以對內環三要素提供控制能力者的特定型態，據此理論，對此三要素不足以提供有效之控制時，犯罪機會從而發生。其中「監控者」（guardians）係指足以保護被害人（或標的）之人而言，諸如：被害人本身、財物所有人、鄰居、保全警衛等均屬之；「管理者」

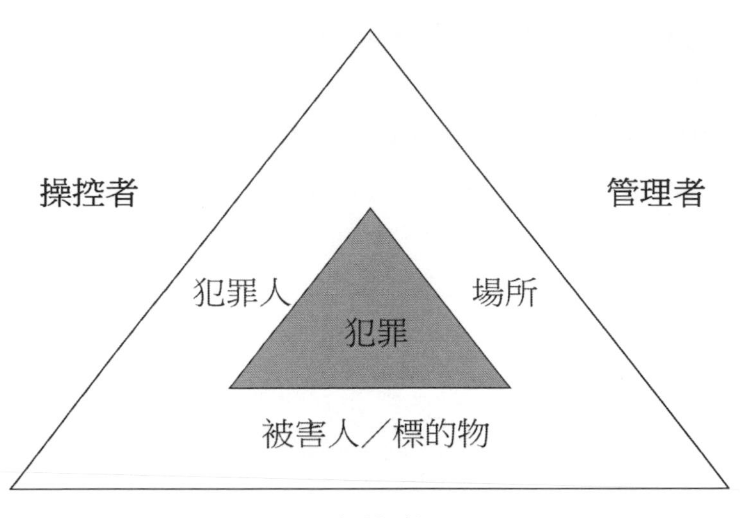

（Clarke & Eck, 2003；鄧煌發，2007）

圖3-1　犯罪鐵三角模型

（managers）則為對該場所應負管理責任之人，例如：旅館或商家從業人員、大廈建物管理人員等；最後的「操控者」（handlers）指的是那些有權對犯罪人行為控制或提供行為表率之人，例如：犯罪人之父母、假釋官員、觀護人等。

七、情境犯罪預防

情境犯罪預防（situational crime prevention）（Clarke, 1992）其特別強調犯罪之情境因素，包括犯罪之機會、時空、條件等，為犯罪發生之要件因素，因此，其認為倘能對犯罪之情境加以管理、操縱、降低犯罪之機會，即可達成預防犯罪之效果。2003年在預防技術上已拓展成五種實施方式（增加犯罪阻力、增加犯罪風險、減少犯罪誘因、減少犯罪刺激、移除犯罪藉口）25項技術。這些技術分別隱含著理性抉擇情境犯罪理論之四項基本主張，亦即增加犯罪困難、提升犯罪風險、降低犯罪酬賞、促使產生犯罪之罪惡感或羞恥感。

Clarke於1980年提出情境犯罪預防理論（situational crime prevention）並於2007年與Eck，提出「犯罪分析：問題解決60步驟」（crime analysis for problem solves in 60 small steps），其係對某些獨特之犯罪類型，以一種較有系統、常設的方法對犯罪環境加以管理、設計或操作，俾以增加犯罪者犯罪之困難與風險，減少酬賞之「降低犯罪機會」預防措施，包括許多目標物強化、防衛空間的設計、社區預防犯罪、策略，如鄰里守望相助、民眾參與巡邏及其他疏導或轉移犯罪人遠離被害人之策略。該犯罪預防理念係源自於英國內政部研究發展部門之研究，以理性抉擇為基礎之情境犯罪理論提出以下5項主張：增加犯罪之困難、提升犯罪之風險、降低犯罪之酬賞、降低犯罪激發因子、移除藉口以降低犯罪之發生，目前其隨著理論與實務的累積，在預防技術上已臻於細密，並發展成25項技術茲分述如表3-1（蔡德輝、楊士隆，2004；鄧煌發，2007；郭志裕，2008）：

表3-1 情境犯罪預防25項技術

增加犯罪困難	提升犯罪風險	降低犯罪之酬賞	降低犯罪激發因子	移除藉口
（一）目標物的強化 1.方向盤鎖及停止發動裝裝置。 2.銀行及郵局的防搶螢幕。 3.計程車司機的防彈隔板。	（六）擴展監督 1.提倡例行警戒，如：不在家時仍顯示有人在家的告示。攜帶手機及夜晚團體行動。 2.家戶聯防守望相助。	（十一）隱藏標的物 1.不要將吸引兜風者的車款停放在街上。 2.性別中立的電話簿。 3.無標記的運鈔車。	（十六）降低挫折及壓力 1.有效率的動線及禮貌的服務。 2.增加座位空間。 3.舒適的音樂及柔和的燈光。	（二十一）設立規範 1.租賃契約。 2.騷擾規範。 3.飯店登記。
（二）門禁管制 1.複合式公寓設置入口電話。 2.進入車庫及辦公室使用電子磁卡。 3.公衆住宅的防衛空間設計。	（七）協助自然監督 1.改善街道照明。 2.防衛空間設計。 3.守望相助及線民熱線。	（十二）移除標的物 1.可移動的汽車無線電收音機。 2.婦女庇護所。 3.公用電話預付卡。	（十七）避免爭執 1.將球隊的粉絲分開。 2.降低酒吧的擁擠。 3.固定的計程車費用。	（二十二）樹立警語 1.禁止停車。 2.私有財產。
（三）出口銀幕監視 1.有票才能出口。 2.出口證件。 3.商店及圖書館的電子標籤。	（八）降低匿名 1.程車司機識別證。 2.「我的駕駛技術如何？」宣導貼紙。 3.學校制服。	（十三）辨識財產 1.財產印記。 2.汽車執照以及零件標記。 3.牲畜烙印。	（十八）降低刺激及誘惑 1.控制暴力的色情刊物。 2.禁止戀童癖者在有孩童的環境工作。 3.避免成為性侵害被害者。	（二十三）訴諸道德 1.路邊限速標誌。 2.海關申報單簽名。 3.商店竊盜是盜賊行為。

增加犯罪困難	提升犯罪風險	降低犯罪之酬賞	降低犯罪激發因子	移除藉口
（四）使犯罪者改道 1.將對立的粉絲分開。 2.街道關閉。 3.將女用浴室分開。	（九）使用地方管理者 1.火車員工預防犯罪。 2.獎勵警戒。 3.支持告密者。	（十四）瓦解市場 1.清查當舖。 2.監控分類廣告。 3.街頭商販給予執照。	（十九）緩和同儕壓力 1.酒後駕車的白痴。 2.勇於說不。 3.將麻煩分子分配到不同的班級。	（二十四）協助守法 1.簡化借書手續。 2.公共廁所。 3.公共垃圾桶。
（五）控制犯罪工具及武器 1.較安全的手槍。 2.強化玻的啤酒杯。 3.禁止公用電話之打入功能以防止毒品交易。 4.信用卡上照片及支票拇指指紋檢核。	（十）增強正式監督 1.測速攝影及隨機呼氣酒精測試。 2.市商業區的錄影監視。 3.停車場的腳踏車巡邏。	（十五）禁絕利益 1.墨水標籤。 2.清除牆上塗鴨。 3.讓被竊的行動電話無法使用。	（二十）防止模仿 1.快速修復被破壞的公物。 2.電視裝設過濾器。 3.監控犯罪模式或避免「模仿」犯罪。	（二十五）控制酒類和毒品 1.酒吧內酒精濃度檢測。 2.酒吧服務生對酒客的干預。 3.舉辦沒有酒類的活動。

八、破窗理論

美國史丹佛（Stanford）大學心理學家Zimbardo於1969年在美國加州做過實驗，二輛一樣的汽車，擺放在不同社區的街道，一輛停放於較雜亂的地區，並將車牌卸下，頂棚打開，結果汽車一天之內就遭人竊走；另一輛將車子完好無缺的擺於中產階級社區中，經過一星期之後車子依然存在。事後Zimbardo將擺在中產階級社區的汽車玻璃破壞，結果，車子在幾個小時後就不見了。以此試驗為基礎，美國犯罪學家Wilson與Kelling

於1982年提出破窗理論（broken window theory）。該理論認為：如果有人打破了一個建築物的窗戶玻璃，而這扇窗如果不能立即修理，路人經過會覺得此處無人管事，路人將會受到好奇之暗示去打破更多的窗戶玻璃。同時會引起更多人打破其他窗戶，此種無政府管的狀態將從這個房子蔓延到整條街，甚至擴散到其他鄰近街道。久而久之，這些破窗戶將會讓人留下失序的現象（江慶興，1998：40；林鴻海，2003：16）。相同一棟長期無人居住房屋，若剛開始門鎖被破壞，未立即修繕，緊接著而來可能就是拾荒者進去將有價值物品撿走，甚至連鐵門都會被拔走，在這種情境中，犯罪就會較易滋生、蔓延。

九、成本效益理論

美國經濟學者Becker（1968）發表「犯罪與懲罰：經濟觀點」，指出犯罪者在犯罪時，會衡量犯罪機會預期效益（expected utility；簡稱EU）。預期效益即預期所得（expected gains）大於預期損失（expected losses），後以選擇能獲取最大效益之行為。因此，衡量預期效益的大小，以決定是否犯罪，公式臚列如下：

EU=P（S）*G-P（f）*L

其中：P（S）是指犯罪成功的可能性

G指預期從犯罪行為中所獲取的利益（gains）

P（f）指犯罪失敗的可能

L指犯罪失敗後可能受到的損失（losses）

十、TAP理論

所謂TAP理論係指犯罪之阻嚇力量，與警察趕赴犯罪現場的時間及歹徒作案加逃離犯罪現場所需要的時間有關，其關係是警察趕赴犯罪現場之時間越短，則對犯罪的威嚇力量越大，而歹徒作案及停留在犯罪現場無法逃離的時間越長，對犯罪的威嚇力量也越大。其函數關係如下（O'Block, 1981；蔡中志，1991；黃富源，2008）。

$$Cd = f\,(TAP, ti) \qquad Cd = \frac{ti}{TAP}$$

Cd：犯罪之阻嚇力量（crime deterrence）

TAP：警察趕赴犯罪現場的時間（time of arrival of police）

ti：歹徒犯罪行為所需時間（time of intrusion）

f：函數值

第二節　國內外相關研究

一、國內相關研究

在本國研究文獻上，有關住宅竊盜預防犯罪相關研究論文，經搜尋本國碩、博士論文資訊網逐筆查閱相關研究及國內學者研究與本研究較相關臚列有13筆，另內政部建築研究所於2005年度以問卷調查徵詢國內相關產業界、學術研究機構、及政府單位，對於建立建築空間預防犯罪機制及方向之建議其內容與本研究則較相近，不過該研究較偏重在學者看法，茲就國內較重要研究摘述如下：

（一）蔡中志（1991）居家安全之研究，針對台北少年觀護所、台北監獄、桃園監獄、新竹少年監獄犯罪受刑人316人進行侵入住宅方法之調查發現，侵入住宅時以門未上鎖之66件最多。至於影響犯罪目標物選擇之因素包括：1.可能在場監視者之因素；2.住宅安全設備因素；3.住宅財富因素；4.周遭環境因素。其中又以：（1）巡邏的警察；（2）自動警報系統或電子防盜設備；（3）住宅周遭鄰居；（4）住宅較豪華等因素最為竊盜犯所在意。歹徒侵入門未上鎖者佔17.2%最多，其次是開窗進入（沒有破壞）16.4%，開鎖進入（未破壞）13%，破壞門鎖12.5%，由陽台侵入7%，破壞鐵門6.8%，破壞鐵窗4.9%，破壞玻璃窗戶4.4%，尾隨進入4.4%，破壞木板門2.6%，破壞屋頂或天花板1.3%。其他尚有同是行竊、按門鈴進入、由冷氣孔侵入、破壞自動警報系統等。作案使用工具者66.5%，以使用起子最多，其次是戴手套、使用板手、鋼剪、萬能鑰匙、膠帶、鑽石刀、繩索等。

（二）鄧煌發（1995）則以與犯罪預防有關的居家犯罪預防為研究重點，指出藉著硬體設施和機械的控制（Physical & mechanical-control）來保護個體的財產和居家安全以抗制犯罪，這是每個民眾本身都能做到而且是易如反掌的事。這類控制的型態包含用鎖、狗、警報器、警衛巡邏等阻絕措施，達到嚇阻犯罪人不敢犯罪的目的。同時指出Cohen等人於1979年，提出機會理論（日常活動理論）來解釋美國自第二次世界大戰後，搶劫、竊盜、機車失竊三種財產性犯罪率的變化趨勢。該理論認為由於社會結構變遷，國民日常生活習性亦隨之改變，因而製造更多的犯罪機會，導致財產性犯罪率的上昇，因此財產性犯罪之發生常肇因於潛在性犯罪人恰巧遭逢可乘之機。日漸增加的情境性機會（situational opportunity）正好提供犯罪者便於犯罪的環境。

（三）楊士隆（1997）從事竊盜犯與犯罪預防之研究，針對竊盜犯在犯罪過程中之決意、計畫、目標物選擇情形及對其遭逮捕、量刑、監禁之看法進行瞭解，並對情境犯罪預防理論（situational prevention）與嚇阻理論（deterrence theory）在我國竊盜犯罪之詮釋進行評估。

其中情境犯罪預防（situational crime prevention）係指對某些獨特之犯罪類型，以一種較有系統、常設的方法對犯罪環境加以管理、設計或操作，俾以增加犯罪者犯罪之困難與風險，減少酬償之「降低犯罪機會預防措施（opportunity-reducing measures）」（Clarke, 1980）。其與公共衛生犯罪預防模式之第一層次預防相近。措施包括許多目標物強化（target hardening）、防衛空間的設計（defensible space）、社區預防犯罪（community crime prevention）策略，如鄰里守望相助（neighborhood watch），民眾參與巡邏（citizen patrol）及其他疏導或轉移犯罪人遠離被害人之策略。該犯罪預防理念係源自於英國，其發展後來受到美國二位犯罪學家所提出的相關研究所影響，包括紐曼（Newman, 1972）之防衛空間（defensible space）及傑佛利（Jeffery, 1977）之經由環境設計以預防犯罪（crime prevention through environmental design；簡稱CPTED），此一預防犯罪理論的興起，對傳統的抗制犯罪策略缺乏效能，提供了另一社會治安的可行方向，亦在犯罪預防實務上做出了更大的貢獻。

楊士隆（1997）以台灣台北監獄之男、女竊盜累犯20名（14名男性，6名女性）為訪談研究對象，對其目標物之選擇部分，有如下之發現：

1. 犯罪目標物之特徵

犯罪目標物之特徵在人際較冷漠，人口較多之都會環境，財富較多，無人看管、硬體設施保護較欠缺周延之地域及容易出入者，最容易成為竊盜犯下手之目標。至於住民之人口流動情形，甚至警察巡邏狀況，竊盜犯基本上並不特別在意，即使遇見警察，竊盜犯亦大多能保持冷靜、沉穩，泰山崩於前而面不改色，編造理由以逃避執法人員之偵察。對於受害者之選擇，則以其是否外觀珠光寶氣或看得出來係屬有錢人，對自己財務欠缺管理注意者為最優先之下手對象。

2. 犯罪訊息交換

犯罪訊息之經常性交換在本研究中並未完全獲得證實，或由於涉及江湖規矩，多數竊盜犯承認獨自犯罪，但部分竊盜犯仍坦承為確保鎖定高利潤目標，並避免被逮捕，其在犯案前大多彼此交換犯罪相關訊息，並且做妥適之分工，俾以在最短的時間內獵取鉅額之金錢。

3. **犯罪個人偏好與專業判斷**

竊盜犯除仔細對目標區域與標的物詳加判斷外，並以個人之專業知識（職業知能）與偏好（興趣）分別選擇適合自己行竊之最有利目標，就某種程度而言，竊盜犯除量力而為，行竊犯求專精化外，並避免對不熟守悉之環境與標的物行動，以免被捕。

4. **犯罪之放棄與轉移**

竊盜犯放棄目標物之情形以室內有人、裝有警鈴或防盜系統為主因，鄰居、警察的出現，並不一定使其取消行竊行動，反倒使其更加謹慎。至於住戶雖有養狗，但只要拴著，一般竊盜犯是不懼怕的。其次，有關犯罪目標物轉移情形，本研究發現部分竊盜犯行竊尚未得手，即放棄目標，改天再伺機行動，而部分竊盜犯則因急於用錢或遇見更多之目標物而有轉移目標行竊情形。故犯罪目標之轉移端視情況而定，包括個人因素及犯罪之有利條件，其並不必然一定會發生。

（四）潘昱萱（2000）理性選擇對竊盜行為解釋效力之考驗之研究，針對10名竊盜犯進行訪談研究，其以目標物之吸引性、慣性及接近性萃取竊盜犯之目標物擇定情形。研究發現如下：

1. **目標物的高價值**

每個個案的目標物的價值，主觀知覺並不相同，有人偏好金錢的獲取，有人有特定的銷贓管道會選擇特定的物品、有人對東西的獲取有特殊的偏好。大致而言，累犯每次竊取的目標物大致相同。

2. 目標物的搬運慣性

目標物的重量、大小是否是個案能搬運的能力範圍之內，必需要犯案前事先計畫。東西太重、太大一個人搬不動時，則需要共犯，訪談中發現三位受訪者選擇共犯，其中一個因素即是由於目標物的慣性需要多一點的人力，以便目標物的搬運。另外，事前考慮目標物的慣性，則可以選擇適當的交通工具以便目標物的運輸，有三位受訪者即因東西太大、太重而選擇發財車來運輸。

3. 目標物的接近性

若目標物對犯罪者而言，相當具有吸引力，但沒有足夠的技巧與能力接近目標物，則犯罪者在行為的控制感之下，可能還是會選擇暫時放棄表現該行為意向；訪談中有一位個案即表示不會去動開不開的車，以免徒增風險；而當個案有足夠的技巧及能力排除障礙，才可能表現行動；有兩位訪談者有開車鎖的技術並隨身攜帶開鎖及防身工具；一位攜帶玩具槍；另外有一位受訪者會攜帶「醋酸」非暴力性的防身工具，目的在排除狗的防護。訪談者表示對於這種需要技巧的方式接近目標物是經過經驗的累積及專業的學習。犯罪目標物的出現，配合適當情境因素，並不一定會促使潛在犯罪者犯罪，目標物的價值、慣性、接近性也是一併要加以考慮的。可以發現若是目標物的慣性較難搬運、較難以接近時，犯罪者需要事先準備工具，如開發財車、多一點人手、帶開鎖工具。而對於機會犯或偶發犯，目標物的較易接近性、慣性屬於易於搬運者，目標物的價值亦較不定，則視所遇的機會而定。累犯或專業的竊盜者尋找的目標物是同一種類，對於自己的能力也較能瞭解極限所在，非自己能力所及的，寧願選擇放棄；而機會犯或初犯犯罪的手法較不需特殊技能，如：順手牽羊，但由於手法的粗糙，顧慮的因素較少——大多只顧慮到有沒有監控者。

（五）莊忠進（2003）發表「侵入竊盜犯罪過程實證研究」研究以訪談方式進行訪問7位慣竊。研究發現：侵入竊盜犯罪動機，大多為獲得經濟利益，少數為得到成就感。犯罪認知歷程具有理性與功利色彩，面對刑罰與社會制裁心存僥倖。犯罪的想法、態度與實際行動間，存有明顯落差。對於情境因素的認知，初步可以分成四類。除了少數頂尖者具有相當專業性外，一般而言，侵入竊盜並不需要複雜的技術，選擇目標係隨意、直覺而非階層式的有計畫行為。因此，預防侵入竊盜最好的方法，就是增加住宅的監控，與標的物的防禦性。

民眾防範侵入竊盜最經濟有效的方法，就是建立社區意識與防衛空間，阻卻並增加潛在犯罪者接近犯罪目標的難度。警察在防制侵入竊盜的作為，除了增加事後的破案率外，最重要的應該是結合社區資源，建構有效的防衛空間，其次才是協助民眾強化住宅的防衛能力。

（六）李珀宗（2004）在社區犯罪基圖在警察機關防制住宅竊盜犯罪之應用研究，發現住宅竊盜犯罪熱點區域通常具有下列特徵：

1. 大部分的住宅竊盜犯罪發生地點都是老舊的連棟式公寓建築。
2. 大多缺乏管理設施也無管理員的設置。
3. 住宅竊盜犯罪聚集的區域，巷道大都狹小雜亂，且無裝置監視器等設施。
4. 在夜間發生住宅竊盜犯罪聚集的地區，都因為缺乏照明設備。
5. 給人沒有人管理的印象，容易成為竊賊的目標。
6. 臨近公園附近的公寓較容易被竊。
7. 防火巷被佔用的建築較容易被竊。
8. 住商混合的建築，也是容易被竊的目標。
9. 大部分住宅竊盜都發生於巷道內，且非位於警察的巡邏範圍內。
10. 異動頻繁的住宅，住戶品質參差不齊且互動不多，易於發生竊案。

（七）鄭昆山、楊士隆、何明洲（2004）在台灣地區住宅竊盜與防制措施之研究，針對601名住宅竊盜被害人進行電話訪談及8名住宅竊盜加害人進行深度訪談發現：

1. 住宅遭竊時間在凌晨零時與三時比例是最高的。
2. 三成的民眾是有重複遭竊的經驗。
3. 五成受訪者最希望警方加強巡邏。
4. 電梯大樓住宅地下停車場成為防竊死角。
5. 收贓管道通暢，使竊賊易銷贓。
6. 住宅竊盜的犯罪行為人，是屬於年紀較輕的犯罪類型。
7. 多數住宅竊盜犯在行竊前會針對目標進行觀察。

8. 吸食毒品、賭博以及流連聲色場所是大部分住宅竊盜犯偷竊所得的主要消費項目，但仍有竊盜犯靠犯罪所得，存有為數不少的資產。

（八）王子熙（2005）在一項「都市住宅區空間組構型態與竊盜犯罪傾向之研究」有關區域性部分：研究初步發現住宅竊盜率與居民經濟結構、住宅外部空間及建物型態有著竊盜率高低的關聯性，在研究中雖然新社區的人口密集度與住宅犯罪數較多，但在竊盜率的計算下發現老舊社區有著較高的住宅竊盜率。在舊社區中可以發現其住宅的可侵入點較多，約多於新社區為1.2倍，而竊盜率也高於新社區1.8倍左右，因而侵入點面對外部空間的規劃與控制，對於住宅的竊盜率有著重要的影響性。住宅外部環境部分：鐵窗及額外的強固措施對於住宅竊盜的防禦性，有效的降低住宅竊盜率，尤其車流人潮繁忙的市中心區域，鐵窗的裝設明顯防制竊盜案的發生。相較之下，偏僻地區或是孤立獨棟缺乏照應的單棟住宅，鐵窗的防禦性明顯的降低其功能。在偏僻地區來往人煙稀少，當鐵窗遭受破壞所發出聲響，並不會有第三者察覺，因此需增加額外有效的第三者，才能降低住宅竊盜的發生，如增加警方或保全人員的巡邏。住宅自然視覺守護：守望相助的防禦功能一直以來為防制住宅竊盜重要法則，而彼此間的互視程度為基本的守望條件。該研究對住宅自然視覺守護功能（監控構成）進行探討，發現有良好監控構成情境下的住宅，互視的守護功能確實降低了住宅竊盜的發生，而當住宅不具門對門關係或地面層視野不良，住宅竊盜發生率明顯較高。該研究中所談自然互視守望功能，除了鄰里間彼此的視覺守護外，尚包括街道上自由穿越行人所帶來的視覺守望功能，因而部分簍空的圍牆設計及面前植栽的修剪皆為保持良好視覺的重要原則，可以增加視覺的自然監控降低住宅竊盜的發生。

（九）蔡德輝、張平吾（2005）住宅竊盜重複被害特性與防治策略之研究，兩位教授曾針對重複住宅竊盜議題加以研究，採取問卷調查法及個案訪談法，問卷調查部分調查917名受訪者，分析住宅竊盜被害者之特性，探討住宅竊盜被害成因。另外針對10名竊盜被害者進行個案訪談，以探討住宅竊盜重複被害者之反應措施。研究發現：家戶特性、住家安全設施對住宅竊盜被害並沒有顯著的影響。顯示家戶特性、住家安全設施對住宅竊盜被害或重複被害影響力並不顯著；無人在家時間、居住環境與住宅竊盜被害之關聯性分析達統計上的顯著水準。顯示家戶的監控能力（人為監控）及居住環境（週遭環境）對住宅竊盜被害或重複被害有顯著的影響力。重複被害原因方面，被害人本身不注意、進出管道容易與否、環境因素及被害人的生活型態等均是造成犯罪被害的原因。住宅竊盜被害所造成的影響方面，包括：財物的損失、情緒的創傷等。

（十）何明洲（2005）針對偵辦住宅竊盜案件彙整住宅（公司行號）竊盜犯作案徵候共有七項：

1. 標籤型徵候

利用白天觀察住戶動態找對講機逐樓逐戶按，若住戶無人回應則利用小張貼紙或用原子筆在對講機按鈕做記號或在信箱做記號。隔天再按一次或就直接進入行竊，此類手法很普遍，只要住戶稍有警覺，不難發現竊賊即將到來。

2. 喜帖型徵候

專門搜括信箱內喜帖，查閱結婚家庭地址，結婚當天用餐時間，趁結婚家庭親朋好友均到飯店用餐之際，直接到結婚家庭偷竊。

3. 詐欺型徵候

偽造第四台人員修理線路或偽裝瓦斯公司人員抄錶混進去然後伺機偷竊。

4. 駐足型徵候

利用全家外出聚餐或進百貨公司、看電影之際。作案時間大多在晚上天黑後18-21時間，竊賊躲在車內或在四周觀望，待住戶熄燈外出後確定無人再大方進入偷竊。

5. 演習型徵候

大都以夜間、銀樓、珠寶業或賣場居多，竊犯故意或無意間觸動保全系統或警民連線，讓警察或保全人員抵達現場，由於夜間無法進入查看，只能在目標物週遭觀察，此時竊犯還繼續躲在屋內暗處，觀察抵達人員動作，待警察人員或保全人員離開時再行竊，期間若再觸動警鈴，極易使警察人員或保全人員誤判係線路問題未再前往。此類手法防制之道就是聯絡負責人到現場將電源打開一遍，讓竊賊無所遁形。

6. 攀沿型徵候

此類手法專偷高樓，俗稱「蜘蛛大盜」，利用攀沿工具至樓頂陽台以倒掛方式攀沿而下進入未裝鐵窗樓層行竊。

7. 通訊器材聯絡徵候

竊盜集團行竊大多有一人把風，而其通訊聯絡大多用無線電對講機，而不用大哥大，因大哥大需撥十碼費時有時因死角關係撥不通。無線電對講機發話靈活方便（隱藏型）。住戶若發現持有無線電對講機形跡可疑，在建築物附近徘徊，就應提高警覺，注意其動態。

（十一）何明洲（2006）針對警民連線統元保全公司與臺北市、臺北縣政府警察分局所舉辦警民社區座談會、政府舉辦犯罪防治宣導活動20場之現場民眾隨機所進行民眾住宅防竊安全認知檢測，計臺北市施測有效571名，臺北縣212名。研究發現：

1. 裝有眼孔或電視螢幕對講機等裝置，可預知來客身分佔比率六成，但同樣有四成比率未裝設，可見住戶在防竊硬體設備改善有需再提升。
2. 會將貴重物品標示上容易辨識的記號並拍照存證僅佔四成三，另五成六住戶未能這樣做，值得繼續加強宣導。
3. 沒有習慣性將現金及貴重物品藏匿在家中的隱密處則佔有56.8%，可見很多住戶未有這方面警覺性。有需要像治安風水師專業人員予於指導民眾防竊。

4. 在家中裝置適當的警報系統並定期測試佔52%，未裝置比率還高達47%。有待繼續推動警民連線或簡易警報器裝置工作。
5. 住戶鑰匙放在全家人知道的地方，如：門（或花盆、門框）下所佔比率還高達三成八，這是相當危險易遭竊因素（按小偷行竊方式第一步就是尋找住戶藏匿鑰匙）。此項工作必須警方再廣泛宣導，讓小偷無法輕易進入。
6. 發現家中遭小偷侵入時，為了保護財物，我會奮勇抗敵，必要時不惜使用武力佔51.1%，不敢這樣做佔47.6%，可說一半一半。此項工作警方在宣導防竊時，必須明確告知住戶抵抗危險性及本身能力是否所及之重要因素。

（十二）內政部建築研究所於2006年以問卷調查徵詢國內相關產業界、學術研究機構、及政府單位，對於建立建築空間預防犯罪機制及方向之建議（靳燕玲，2006），獲致結論：

1. 整合設計、使用、管理制度面，預防建築空間犯罪。
2. 建築物預防犯罪設備設置規定應以「必要設置」之基本項目為主，以性能制度鼓勵社區住戶改善至更高安全標準為輔。
3. 編製「建築物預防犯罪安全設計參考手冊」及「既有建築物預防犯罪安全改善手冊」具有必要性。
4. 建築物預防犯罪監視警戒設備應防止隱私權侵犯問

題，應建立對於保全業者資料管理監督制度。

5. 建築物預防犯罪設施設備應有定期檢查及申報制度。
6. 其他配套措施，可參考英日各國鼓勵產業研發「預防犯罪安全建材標準」及認證。

（十三）臺北市政府警察局（2001）台北市政府警局委託消基會測試市售門鎖案報告。

1. 門鎖的標示方面，由於門鎖商品大都是由鎖匠安裝，而消費者通常都不會將包裝留存，因此至少商標應該打印於鎖體上，日後才有追循的依據。
2. 消費者在選擇門鎖時，門閂和鎖頭的強固性是應該要特別注意的地方，鎖也不能輕易地被破解。
3. 固定式鎖頭和內藏式鎖心的門鎖，可以降低鎖頭被破壞的機會，而固定式鎖頭又以罩有具罩簷的保護罩為佳，不然鎖體背板和鎖頭間的加強板也不可少。
4. 鎖定門閂最好為一體成型而貫穿鎖體的型式，且門閂頭至少要凸出3公分左右，鎖門時則要確實完全上段。
5. 要買到開鎖工具難開的鎖，除了尋找鎖孔及鎖匙型式愈奇怪少見者一途外，也可多聽幾位鎖匠的意見，應該也會有所幫助。
6. 大門鐵板的厚度會影響門鎖固定的牢靠性，消費者應選擇1.2公厘以上者，而門鎖安裝則務必要確實，每一個螺絲都要栓牢妥當才能發揮力量。
7. 屋內開關門閂宜選擇能徒手操作者，以方便日常使用和緊急出門；鎖孔亦不能存有內外相通的孔隙，屋內的隱私才不易曝光。

8. 門鎖安裝務必要確實，而堅固的大門，才能和門鎖共同達成安全防衛的任務。

（十四）何明洲（2006），針對防竊安全認知曾對臺北市（北投區、內湖區、松山區、萬華區、信義區、大安區、士林區、中正區、中山區、大同區、南港區），台北縣（板橋市、新莊市、三重市、永和市、新店市、土城市、樹林市、中和市、蘆洲市、淡水鎮、五股鄉、泰山鄉）做問卷調查。共計問卷臺北市686份（有效571份無效115份）、臺北縣227份（有效212份無效15份），成功有效訪問783名民眾其中男381名、女402名。研究發現大部分民眾對防竊安全認知識不足的，茲分述如下：

1. 裝有眼孔或電視螢幕對講機等裝置，可預知來客身分佔比率六成，但同樣有四成比率未裝設，可見住戶在防竊硬體設備改善有需再提升。
2. 會將貴重物品標示上容易辨識的記號並拍照存證僅佔四成三，另五成六住戶未能這樣做，值得繼續加強宣導。
3. 沒有習慣性將現金及貴重物品藏匿在家中的隱密處則佔有56.8%，可見很多住戶未有這方面警覺性。有需要像治安風水師專業人員予於指導民眾防竊。
4. 在家中裝置適當的警報系統並定期測試佔52%，未裝置比率還高達47%。有待繼續推動警民連線或簡易警報器裝置工作。

5. 住戶鑰匙放在全家人知道的地方，如：門（或花盆、門框）下所佔比率還高達三成八，這是相當危險易遭竊因素（按小偷行竊方式第一步就是尋找住戶藏匿鑰匙）。此項工作必須警方再廣泛宣導，讓小偷無法輕易進入。
6. 發現家中遭小偷侵入時，為了保護財物，我會奮勇抗敵，必要時不惜使用武力佔51.1%，不敢這樣做佔47.6%，可說一半一半。此項工作警方在宣導防竊時，必須明確告知住戶抵抗危險性及本身能力是否所及之重要因素。

（十五）何明洲（2008），中日跨國住宅竊盜犯罪分析之研究

1. 因膚色相同，較易掩護，中日跨國竊盜犯罪仍會持續發生。
2. 赴日犯竊盜案件，大多為慣犯，主要自認嫻熟行竊技巧。
3. 中日侵入竊盜犯案慣用破壞工具均差不多。
4. 平成15年6月制定「特殊開鎖工具持有禁止等相關法規」，已有效抑制住宅竊盜案件。目前我國尚無此項禁止法規。
5. 日本鎖具性能標示制度，在抑制侵入犯罪方面已呈現象當成效。尤其抗撬性能達10分鐘以上的鎖具約佔整體出貨量的94%等的狀況來看，具一定防犯性能鎖具的普及已有相當進展（按日本學界研究發現小偷破壞鎖具若超過五分鐘未能破壞侵入會放棄作案）。
6. 鎖業從業人員之職業在經過國家認定之後，考慮推動

其成為一種具獨立性以及高自尊的職業種類。我國目前尚無鎖業人員檢定認證工作。

7. 鎖業從業人員的日本鎖具產品安全工會，在鎖業信賴性確保方面法規施行後以國家要求為基礎，規劃制定倫理規定、行動規範，辦理倫理講習會，明確化違反倫理規定、行動規範者之處分等，以期提升工會會員的資質。目前我國並無此類訓練。
8. 日本正在推動鎖業團體的標章制度，週知業界的實際狀態，讓國民廣為週知及認可。
9. 最難被打開的鎖，結構要內縮，隱藏在門板裏面。格子窗不僅擁有防盜逃生功能，亦是當前民眾可選擇的標的。

（十六）陳珮欣（2013），以警察人員對集合住宅公共空間各領域中保護因子之認知之研究。警察人員對於住宅竊盜犯最有效預防方式，其中以環境能見度、直接監控因子為集合住宅共用空間內住宅竊盜犯罪重要保護因子。對防衛空間、環境設計強化、環境能見度、建立領域感界線、非正式通道管制、間接監控、直接監控、阻隔物設置。與行動管制各有其關聯性存在。

（十七）吳爭軒（2015），汽車被害特性及其防治對策之研究主要發現：1.家戶特性方面，以無配偶、家庭經濟狀況越好與其他與單親／核心家庭型態被害率為高；2.汽車特性方面，以外型普通之被害率為最高與車價10萬以上至未滿60萬被害率為高；3.環境特性方面，以居住於中部區域的被害率、鄰里關係程度越低與解組程度越嚴重的被害率為高；4.防衛力特性方面，以監控能力越低者的被害率為高；5.個人生活型態特性方面，以白天外出、外出總時數8~10小時與外出次數0次的被害率為高；6.透過二元羅吉斯回歸分析，發現家戶擁有汽車數量、光線明亮度與停放位置監控情形具有預測力，當中以光線明亮度預測力為最佳。

根據上述研究發現，研究者提出以下研究建議：1.政府方面：（1）平衡區域差異，應使各個區域的防衛力均等；2.警政單位方面：（1）加強隨時注意汽車停放位置、停放位置明亮度之宣導；3.個人方面：（1）透過裝設防盜設施，增加偷竊難度，（2）養成下車即熄火的習慣。

二、國外相關研究

（一）Brantingham與Brantingham（1975）在「住宅竊盜與都市型態之研究」中，於1975年美國佛羅里達州的一個市鎮進行住宅竊盜方面的研究，其目標企圖找出住宅空間模式之發展與住宅竊盜間之關聯性，並提供住宅規劃師有關住宅竊盜分布方面的資訊以達到運用都市計畫降低犯罪率之最終目標，其將這類研究分為三個步驟進行探討：第一步驟是必須將都市發展過程中自然形成之社會鄰里空間模式建立；第二步則需蒐集犯罪資料及準確的測繪犯罪點，最後進行犯罪空間模式與都市空間之關聯性分析。Brantingham與Brantingham的研究中吸引人之處，在於其指出都市之街廓空間型式影響住宅竊盜犯罪率並且展現了一般發生住宅竊盜的空間模式，並且其更進一步指出，位於街廓邊緣之住商混合地區，如果所處街廓之社會經濟等級與鄰近街廓間產生明顯之差異時，住商混合地區之竊盜犯罪率會高於其他地區，但令人感到遺憾的是Brantingham與Brantingham並沒有針對街廓邊緣之高密度鄰里與街廓內部之低密度鄰里之空間特徵進行比較，否則此資訊將有助於利用環境規劃抑制犯罪發生。

（二）英國犯罪學者Bennett與Wright（1984）在其所著「住宅竊盜犯罪的犯罪者與預防之調查研究」（Burglars on Burglary: Prevention and the offender）一書中針對英國監獄及觀護部門之竊盜收容所總計309名進行訪談研究，發現竊盜犯之決意除犯罪機會外，其大多在不同之特殊情況下做出決定，如缺錢或別人之影響下而發動，而實際竊盜行動大多須依目標是否妥適的選定而定，亦即行竊大多經審慎規劃，較少投機或偶發行動，對於行竊時，其較畏懼被觀察到（being observed）之可能性，而不怕門鎖，蓋門鎖之安全緊密程度，意味著室內財物之價值程度。此項研究另發現倘犯行被阻止，超過半數以上之竊盜犯會選擇放棄或回家。

對於因行竊可能遭受的刑罰，大多相當清楚，但並不甚擔心，尤其累犯更是如此。在1984年他們研究發現亦指出，幾乎所有侵入竊盜是有計畫的，只有少數是臨時起意，而其主要計畫是關於監控及居住的情境線索，監控線索包括房屋是否開放或隱密、鄰居的出現、附近的鄰居是否監視，居住線索包括汽車是否在車庫、屋內的燈是否明亮、信件等（即屋主是否在家），而居住的線索是最佳的嚇阻效果，警鈴及狗亦是（楊士隆、周子敬、曾郁倫，2007）。

（三）Wright與Richard等學者（1985）研究以實驗之方法，以住宅特性及物理環境改變不同照片對47名住宅侵入竊盜犯及34名一般市民進行比較調查，以瞭解竊盜犯如何選擇目標及是否具有特殊之認知能力，而加速了其犯罪之決策過程。研究發現竊盜犯的確較具專業化之能力，而留意到住宅之改變，即在選擇目標物時較注意各項適合作案條件之訊息。此項研究隱約的透露，犯罪人在選擇目標物而決意犯罪時係相當理性的，以獲取最大利潤，並避免被捕為目標。

（四）Rengert與Wasilchick（1985）對住宅侵入竊盜犯之研究指出，竊盜犯善於觀察適合作案的目標物，例如其訪視的一位竊盜犯指出，在某一個大熱天，其在一個社區中慢慢的開車，倘見窗戶緊閉，而冷氣未開動，即表示室內無人，為適合作案之地點之一。此外，根據Rengert與Wasichick之研究進一步指出，職業竊盜犯一般在進入作案住宅室內不超過五分鐘，即使警鈴因而響起，亦可輕易地即時脫逃，不致遭逮捕。

（五）蔡德輝、楊士隆（2006）兩位教授在其著作「犯罪學」一書中，以Taylor與Gottfredson（1986）職業竊盜目標物選擇觀點認為：職業竊盜在選擇犯罪標的物上是相當挑剔的，為順利行竊，常對目標環境之各項特徵予以觀察、考量，包括物理環境特色、住民之社會人口特徵與行為型態、警察之勤務（巡邏、查察狀況）等，同時亦透過彼此之訊息交換及個人之知識與研判（詳圖3-2）。

（六）Taylor與Gottfredson（1986）指出，在對環境設計與犯罪預防之社區案例研究中，說明「街角型」罪犯對犯罪地域選擇與決意之過程，他們指出某一地域為犯罪人選中之原因與該地域特徵給予潛在犯罪人之意象（Image）有關。這些特徵包括物理環境特色、住民之人口特徵與行為型態、警察之勤務密度（巡邏、查察狀況）、犯罪之訊息交換及犯罪者個人之知識與選擇偏好等。由這些目標的特徵竊盜犯可以構思、評估犯罪可能的利益、便利性、是否易於得手及被偵查逮捕的風險，以研判推估未來的犯罪活動，故認為許多犯罪人從事犯罪行為是相當理性的。茲分述如下：

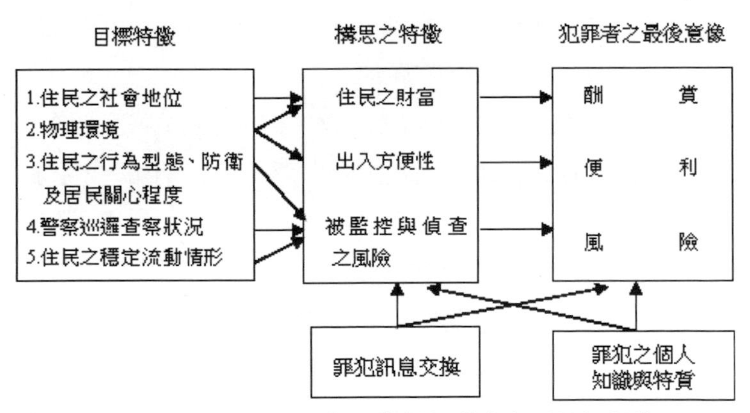

（Taylor and Gottfredson，1986：396；蔡德輝、楊士隆，2006：254）

圖3-2　竊盜犯選擇犯罪地域之考慮因素及發展過程

1. 物理環境特色：倘地域之環境特色顯然非常富裕、奢靡或可通暢無阻的進出，缺乏防衛空間之設計或管制，或者具有物理環境頽廢、空間雜陳、垃圾亂倒、廢棄之汽機車林立、街道坑坑洞洞、缺乏管理等特色，則極易吸引竊盜犯之入侵。
2. 住民之人口特色及行為型態：當然，倘住民具有良好之社經地位，其自然具有吸引力，而成為犯罪之首要目標。此外，倘住民流動性高，則極易影響及其是否願意協助治安之意願，而易成為歹徒選擇作案之良好的標的。最後，倘住民缺乏對公共事務之關心，經常抱持冷漠之態度，則易吸引潛在犯罪人之注意，甚至啟動其作案之動機。
3. 警察之巡邏、查察狀況：強化警察對社區的巡邏、查察情形，對於社區治安之維護亦有相當貢獻。倘社區缺乏警察之關心，潛在犯罪者極易認為社區是被遺棄的、沒有防衛的、則其被逮捕的風險顯然降低許多，故可能提升其作案的動機與意願。
4. 犯罪人彼此間之訊息交換：除了前項之區域特徵之外，犯罪人彼此間亦可能交換犯罪相關訊息，例如：了解犯罪之困難度、可能遭遇之反抗等，俾以選擇合適之犯罪標的，順利達成犯罪之目的。
5. 犯罪人之個人知識與特質：犯罪者個人之專業知識與特質亦可能影響及其對區域標的之選擇，例如：職業竊盜者對於犯罪區域之選擇相當挑剔，諸如偷竊之對象、周遭環境之防禦情形、逃跑路線的選擇等，各項考慮均趨於縝密，這些特質將影響犯罪區域的選擇。

這些目標區域之特徵，促使許多竊盜犯進一步構思、評估犯罪可能的酬賞（reward）、便利性（convenience）、容易到手與否及被偵察逮捕之風險（risks），而對未來的犯罪活動作最後的研判與規劃。

（七）Bottoms、Mawby與Xanthos（1989）三位學者對位於英國Sheffield的兩處國宅社區Gardenia與Stonewall，進行社會因子的多變量分析及空間因子的研究，其選擇這兩社區作為研究對象的原因，是因為這兩個社區不僅地理位置相鄰，且人口組成結構亦非常類似，但是卻產生非常不同之地區犯罪之統計圖，因此，這三位學者決定找出造成此差異的原因以解釋其不同之處。他們研究警方的原始犯罪資料、犯罪點之勘查紀錄、青少年犯罪之自白書、居住環境及關係人之觀察後，發現這兩社區之居民大多屬於勞動階級，並且有非常類似的性別及年齡組成、家庭人口數及失業人數。但是Gardenia社區的犯罪案件數卻是Stonewall社區的三倍。因此，推論是否因為警方對這兩地區之巡邏執勤派工分配不均而造成此結果，但是卻找不出確切的證據證明是如此，其進一步研究兩地區之犯罪者的資料發現，犯罪案件幾乎為同一群犯罪者所為。Bottoms、Mawby與Xanthos隨後對兩地區之地理空間環境進行比較後發現，兩地區之街道特徵大多為「短囊底路」。但在犯罪率較高之Gardenia地區，其周圍被綠地所環繞而與外地隔離，並且在該地區有一條很長的囊底路位於其中（深樹狀之簇群囊底路）；

而Stonewall地區則呈現與其他地區連結性較好之環境特徵。此外，他們也進一步對這兩地區之社會生活、對犯罪的態度、社會化過程、校園風氣及建築物配置等項目進行分析。在他們的結論中提到，Gardenia地區犯罪率居高不下的原因是社會及空間因子相互影響所造成的，而該地區之建築物配置計畫錯誤是造成高犯罪率之主因之一。其更進一步推斷Gardenia地區特有的深樹狀囊底路道路空間亦是間接造成高犯罪率之原因，此外，社會風氣、校園生活等亦在形成Gardenia地區高犯罪率之過程中扮演重要的角色。

（八）Poyner與Barry（1991）於「降低住宅犯罪」（Crime Free Housing）一文中直接指出空間對犯罪的影響力，Poyner與Webb試圖在他們的案例研究中連結犯罪與建築物設計之弱點，以及檢驗建築物是否座落於他們所關注的位置，試圖找出住宅型式與住宅竊盜間之關聯性（Poyner and Webb, 1991：14）。Poyner與Webb獲得非法侵入住宅之侵入點相關資料，並且在勘察該地區後發現了許多容易被侵入的特徵，如：廢棄之建築物、側邊或後方入口、位於角落之建築物、共用之車道、側邊或後方之步道、建築物後方鄰接開放空間或綠地等項目，而該地區許多住宅有這些特徵。Poyner與Webb推斷所有的建築物大多有相同的弱點。但是由於其研究地區之建築物型式不足，故其無法明確說明住宅設計與犯罪間之關聯性。

（九）Ken Pease在1998年在英國防治重複被害策略之研究發

現（黃蘭媖，2002）：

1. 被害者本身可成為預測下次被害的指標：經歷被害之個人或家戶，其下次被害的機率將比未曾被害之個人或家戶明顯提高。
2. 個人被害者可透過改變物理環境或個人特徵，以減少再次被害的機率。如同「破窗理論」揭示之原則，「修補破窗」將可以改變加害者對環境的了解和認知，進而減少二度被害的機率。
3. 有犯罪熱點（hot spot）的存在：已發生過犯罪之地點比未曾發生過犯罪之地點更容易發生犯罪，形成所謂的犯罪熱點。易言之，相同的被害人或場所因為重複被害，而形成高犯罪地區。
4. 重複被害之現象不限於固定、少數的犯罪類型。研究顯示在住宅竊盜、汽車竊盜、家庭暴力及種族犯罪等，都發現有重複被害的現象。
5. 重複被害發生的時間極可能在第一次被害不久之後，故可推論，離第一次被害時間越久，再次被害的機率也就越小。
6. 掌握重複被害的現象有助於鎖定重點人（犯罪被害人）、重點時段（犯罪發生後）執行犯罪預防措施。

（十）O'Shea'（2000）在「住家安全措施功能之研究」（efficacy of home security measures）時，曾針對侵入住宅竊盜被害人進行兩次電話訪談，得出下列結果：

1. 鄰居的凝聚力愈高，遭竊可能性相對降低。
2. 參與守望相助的住戶，遭竊的可能性相對較低。

3. 草坪有整修或信件收拾較好的住戶，較不容易遭竊。
4. 一樓窗戶無法完全被打開的房子，相對較不容易遭竊。
5. 較容易被鄰居完全看見大門或是後門的房子，或是路過行人較容易監視得到的房子，相對較不容易遭竊。
6. 容易被樹木或是籬笆遮住鄰居協助監看視野的房子，相對較容易遭竊。
7. 房屋的隱密性與被侵入偷竊的機會成正相關。
8. 除非特別堅固的門配合堅固的鎖，門鎖防盜的效果其實不佳[1]。

（十一）國內學者蘇智峰（1999）之「住宅規劃與犯罪傾向」（Housing Layout and Crime Vulnerability），以英國三個不同的城鎮做住宅空間與犯罪率的關聯性研究。在其研究中發現美國學者Oscar Newman所提之領域性（territoriality）與防禦性空間（defensible space）之概念，有許多值得探討之議題。在Oscar Newman主張中，規劃小區域具有領域性之簇群囊底路空間型態，以自然驅離外來陌生人之入侵。其藉由區域居民守望構成一有效之排外領域感，使小區域達成一防禦性空間。而整體社區之規劃配置，因不同群體與不同之使用屬性層級，配置成一複雜之樹狀囊底路空間型態。Shu（2000）就住宅區犯罪率高低而言，最強烈顯著之影響因子是同時包含社會性與空間性兩項特質。一般而言，社會經濟結構中，屬富裕程度且街道

[1] 楊士隆、周子敬、曾郁倫，住宅竊盜犯罪被害與預防對策之研究，桃園：中央警察大學警學叢刊，第38卷第2期，2007年。

空間型態呈開放式格狀連通配置型式之住宅區，傾向呈現較低之犯罪率；而經濟水平較貧困且又呈樹狀囊底路複雜街道配置型式之區域，則易於呈現較高之犯罪率。

Shu（2000）又指出Oscar Newman所提之「defensible space」概念，在規劃簇群式樹狀囊底路空間型態中，需搭配著主入口均面向道路的門對門配置型態，這樣具有較少使竊賊侵入之弱點，但是仍不及穿越性道路的低犯罪率。因在其研究中發現，竊賊會刻意選擇位居較內部及隱密性較高且呈樹狀分散囊底路的住宅，尤其在後方無人照應之住宅。而其文中又提出，穿越性道路並非一定比囊底路好，除非穿越性道路需有門對門的空間特質（Hillier and Shu, 2000）。

（十二）澳大利亞犯罪學研究所（2005）在出刊的「降低住宅竊盜－英國經驗」（Reducing residential burglary-the British experience）一文中報導英國內政部在1998年至2002年中所實施之三階段一連串的降低竊盜的方案評估計畫，並引用英國內政部近期所發布關於第一階段近60個方案實施的結果，發現在55各地區中有40個地區的竊盜發生率下降了，而且比其他參考區域下降13%，實施方案的地區整整多降了7%，而他們認為這是由於設計與執行良好的區域情境犯罪預防方案的奏效，此外，他們也強調警方的涉入與強化也是有效的策略，例如高能見度的治安管理與監視器的使用（CCTV），最後他們更指出多數成功的方案是長期與短期方法並用的結果[2]。

第三節　環境設計與預防犯罪

Jeffery（1977）「運用環境設計預防犯罪」（crime prevention through environmental design；簡稱CPTED）策略，為近代發展迅速之策略。此策略是透過妥善的地區環境規劃設計，增加竊盜者犯案時的困難及風險，並降低犯案報酬以減少犯案機會之預防策略。研究者認為不同學者切入角度之差異，環境設計之內涵因而不易界定，為免遺珠之憾，本部分引述國內外多位權威學者之見解，以做為參考：

一、Newman之環境設計預防犯罪

Newman（1972）以其對紐約市住宅犯罪情形之觀察，指出在缺乏安全防護之高樓中有許多可隨意進入之出入口，建築物缺乏適當之窗戶或空間足以觀察、監控陌生人出入情形，並且人口複雜不易管理，因而犯罪率較高。相反地，在較低之建築物，其發現有較低之犯罪率。其特徵包括有較少家庭使用出入門、易於辨識陌生人進出及戶外相關活動之設計等。而根據Newman之見解，高樓大廈之所以有高犯罪率之情形與建築物缺乏「防護空間」（defensible space）有關。在環境設計的領域內，Newman認為防護空間具有下列四項因素：領域

2　楊士隆、周子敬、曾郁倫，住宅竊盜犯罪被害與預防對策之研究，桃園：中央警察大學警學叢刊，第38卷第2期，2007年。

感（territoriality）、自然監控（natural surveillance）、意象（image）與周遭環境（mileu）。每個因素皆可能影響及犯罪區，為之特性。領域感係指土地、建築物之所有權者是否將半私有（公共）用地納入監控，加以管理之情形，以強化對三不管地域之掌握。自然監控及區域建築環境之設計，使土地建築所有者，有較佳的監控視野，以觀察陌生人之活動，俾以在必要時採行防護措施。意象大體上乃指嘗試建立一個不為犯罪所侵害，並與周遭環境密切接觸之鄰里社區，以產生正面之形象，減少犯罪之侵害。「周遭環境」乃指將社區安置於低犯罪，高度監控之區域，減少犯罪之活動。這些要素不僅可增加社區居民之互動，強化關心社區安全之態度，進而促使社區發展，同時對於犯罪者而言，可減少並阻絕其侵害，降低整體之犯罪率[3]。

二、Jeffery之社會疏離理論

Jeffery（1977）提出犯罪與犯罪行為之整合理論（an integrated theory of crime and criminal behavior）提倡其「社會疏離理論」以說明犯罪之原因。其認為犯罪行為之解釋可分為兩大派，其一是犯罪心理學派，另一是犯罪社會學派。為了整合犯罪心理學派及犯罪社會學派，故提出「社會疏離理論」以說明犯罪發生之原因。該理論提出如果某些地區之社會互動，愈缺乏人際間關係，愈隔閡疏離，愈沒有守望，愈沒有社會規範，則其犯

[3] 楊士隆，運用環境設計預防犯罪之探討，桃園：中央警察大學警學叢刊，第25卷第4期，1995年。

罪發生率將會愈高。故透過良好的環境設計增加地區居民之互動、培養敦親睦鄰及守望相助精神，預防犯罪（蔡德輝、楊士隆，2002）。

三、Wallis與Ford之環境設計預防犯罪

以美國政府在波特蘭商業區，康乃狄克住宅區及佛羅里達四個高級中等學校施行環境設計預防犯罪（觀念取自Oscar Newman）之示範方案為範例，Wallis與Ford（1980）編印之「經由環境設計預防犯罪操作手冊」詳述以下四項環境設計技術以預防／阻絕犯罪之發生（楊士隆，1995：123）。

（一）監控（surveillance）

監控之目的為增加潛在犯罪人被觀察之風險，俾以辨識及逮捕。實務上採行之技術包括，改善街燈亮度，使用電子監控設備、將易受攻擊之區域（地點）編配安全警衛、警察或守望相助團體等。

（二）行動管制（move control）

係指採行必要之措施以限制再犯罪人順利的經過某一地域。其也包括Newman領域感觀念、象徵性的障礙物架設及其他硬體設備之安置等。實際上採用之技術，包括：減少建築物出入口數目，死巷或封閉道路之設計及設置障礙物，以防止對社區之侵入。

（三）活動支持（activity support）

係指對各項設施加以改進，以吸引更多的居民使用該區域，擴展監控力。實務上採行之方法，包括：在高犯罪區域製造活動區域，如提供展示中心等，強化活動之舉辦。

（四）動機強化（motivational reinforcement）

係指強化民眾服務社區事務之意願，致力於犯罪預防工作。其措施包括警民關係之改進，市民參與警政工作等。

四、日本學者清永賢三及高野松男之環境設計預防犯罪

以工程學的方式建構防禦性較高的建築設施、建築群、街道、社區及都市空間，除了環境之設計與建構外，更改周邊物理環境、空間機能形態，以期居民在空間使用上有所變，提高犯罪防範之效果。清永賢三及高野松男（1982）提到直接性的預防犯罪，有以下六項要素：人、社會、警察、法律、機器、空間。除了上述六項基本要素外，對於直接性的犯罪預防，有下列7種基本技術（黃富源，1985）：

（一）隔絕（遮斷）

先假定罪犯可能之犯罪途徑，於其前以工程學的方法設定障礙物（如人、社會、警察、法律、機器、空間）以防止犯罪者之侵入或前往。

（二）威嚇

設置具威嚇效果的障礙物以阻止犯罪者的接近、前往或侵入。

（三）強化

屬於隔絕的亞型，於自身周圍建構障礙物以加強保全，防止犯罪者之前往與侵入，惟必須付出不方便與不經濟的代價。

（四）迴避

設定可能遭犯罪者侵襲之掩護物，迂迴或退避可能潛伏犯罪者之地區。

（五）誘導

屬於迴避的亞型，設定犯罪者可能前往之途徑，事先設計引導犯罪者朝一特定方向前往、侵入，以迴避犯罪者。

（六）矯正

將犯罪者置於自己之掌握中，促使其同化以袪除其犯罪之危險。

（七）隔離

屬於隔絕的另一亞型，以某些隔離的壁障（有形、無形、社會、警察、法律、機器、空間）將犯罪者置於其中與外界隔離，並予以拘禁，使其無法與他處所接觸，而隔絕對其他處所之侵入。

五、Moffatt之環境設計預防犯罪

根據Moffatt（1983）之析見，環境設計應包含下列七項範疇[4]：

（一）防衛空間

係指設計一居住環境，在其內建立防衛本身安全之組織，並以硬體之表現方式防止犯罪之發生。防衛空間包括建構環境，嚇阻犯罪者，以及可以分辨居民或侵入者等的安全設備、公共設施與建築美工等。

（二）活動計畫之支持

如加強民眾犯罪預防自覺、參與社區事務、提供社會服務等計畫的支持等，均屬活動計畫之支持。

（三）領域感

源自動物對私有活動領域的防衛本能，設計可促使人類自然產生強烈所有權威之環境即屬之。

（四）標的物強化

係指促使財產及其他標的物更加堅固、安全之措施，例如

4 鄧煌發，犯罪預防，桃園：中央警官學校，1995年，頁145-147。

以鑰匙、電子警示系統等，嚇阻、偵測、延遲及阻絕犯罪之發生。

（五）監控

係指正式監控之力量，包括閉錄電視系統之設施及安全警衛與巡邏警力等。

（六）自然監控

自然監控涉及住宅之設計，如策略性地加裝透明窗戶，以使居民能夠看到侵入者：同時也讓侵入者知道他已經被清楚地看到或被監視，防止進一步侵害，而熟識居民在住宅附近走動，以嚇阻潛在性犯罪人，亦屬之。

（七）通道管制

所謂「通道管制」（access control），乃對於限制或禁止接近之處所，設立象徵性的障礙物，如：矮牆、灌木叢等，用以顯示特屬之私人領域，並非開放之公共場所。

六、Grobbelaar（1987）物理阻絕的犯罪預防

根據Grobbelaar（1987）物理的預防方式不是簡單隨意地安裝。很重要的是要去確認犯罪者是否可以很輕易、沒有風險就進入住宅。進入住宅的方式通常是經由前、後門及窗戶。尤其有車庫毗連的房子是很容易遭入侵的，因為通常門窗都沒有關好，而且門窗的鎖是便宜的或劣質品。

（一）門窗

竊盜犯或其他犯罪者通常利用住宅或建築物的窗戶或門做為侵入的點。因此這些地方的防護措施是最重要的，防盜窗有防護的效果，但必要的條件是只能從住宅內才能打開窗戶，而且防盜窗需要有良好的製造及適當的安裝。窗戶需具以下條件才有防護的功能：

1. 防盜且可打開。
2. 不易碎的玻璃：如強化、塑膠、層板玻璃等。
3. 大片式玻璃提供較佳的視野，且有窗廉或其他方式可開閉。
4. 金屬的窗戶框架比木質框架較有防護效果。
5. 可開關的門必須是可上鎖的。

窗戶是否要安裝防盜功能這方面一直具有很大的爭論。安裝強化玻璃或防盜警報器是一種方式，因為防盜具有好處及壞處。一方面具有保護功能，一方面讓居住者像關在監獄裡，因為像火災這類緊急狀況，便無法逃離。因此很重要的是，當窗戶安裝防盜的功能時，某些部分安裝應該是要可快速、容易移除的。

門的防護也是一樣，有許多因素是需要去考量的，如：

1. 門的結構：必須是金屬或實木。
2. 門孔（專有名詞：貓眼）的裝置。
3. 避免在門上裝玻璃板。
4. 裝安全門。
5. 選用品質好的門軸及鎖。

（二）安全門及圍牆門

住宅安裝安全門是很普遍的一種防護措施。這方式提供居住者必要的保護：

1. 大門是由良好的材質建造。
2. 大門與圍牆堅固地建造在一起，不只是一個門框。
3. 可上鎖且緊閉。

（三）鎖及門栓

鎖一直是保護財產的主要方式之一。其形式從簡單的一條鐵線到市面上很複雜的鎖，不一而足。住宅的門通常都會有上鎖及門栓的功能，但通常這些鎖都很普通，且可能用萬用鑰匙就可打開。

鎖及門栓對於侵入住宅式的犯罪是很好的預防工具，這工具的目的是阻絕進入住宅的通道，但唯有使用最好的材質或鎖具才會有功效，不然易被撬壞門栓。

（四）警報系統

住宅安裝警報系統對於打擊侵入住宅有非常好的效果。然而這樣的裝備所費不貲，且還需考量安裝及維修費用。很重要的是，這系統必須是全時間都有功效的。精密的警報系統是唯一可以有效預防侵入及竊盜的方法。

（五）通道及監控性

住宅後院的通道對於住宅是否會遭受入侵是很重要的風

險因素。當後院能有效地分隔開且增加進入的困難時，就可以預防入侵及竊盜。然而不能忽略的是，因分隔所造成的視野問題。容易進入又無法從外面看到住宅區域內，對犯罪者而言是一種優勢，這種情況又跟是否有鎖、門栓或防盜設施無關了。

一般來說，公寓較獨棟住宅較少進入的通道，因此獨棟住宅較常發生侵入及竊盜。

七、環境設計預防犯罪之應用原則

國內學者黃富源首將美國國家犯罪預防研究所之4D策略運用到竊盜預防犯罪最佳策略，其內容概述如下（黃富源，2005）：

（一）打消

打消（deny）就是利用各種方式，打消竊盜犯之犯罪動機，例如：有錄影監視系統的警示標誌、內有惡犬標誌、警民連線標誌及表示有警衛人員的標誌。

（二）阻擋

阻擋（deter）就是利用各種方式，阻擋竊盜犯行竊，例如：郊區別墅飼養看門犬、圍牆裝設安全防護網、警衛人員盤查、登記與查核及強而具有威嚇力的電子門裝置。

（三）延遲

延遲（delay）就是竊盜犯講究的是風險，作案的時間越短對其是越有利，如何在最短時間內偷走最名貴的東西，且又不被發現，才是行竊最高指導原則。因此，延遲小偷侵入的時間，以及住宅內的標的物不易被偷走，才是防範對策，例如：家中設置保險櫃，保險櫃底座栓死，讓小偷不容易搬走。

（四）偵防

偵防（detect）就是使用各種設備，預防和偵查犯罪，例如：門口身高測定圖線；裝設監視器除嚇阻小偷的動作外，萬一發生遭竊，監視器可以錄下整個犯案過程，有利破案；門鎖加裝警報器，可嚇阻小偷繼續行竊；感應式照明燈，可制止小偷靠近。

由4D策略內容可得知環境設計預防犯罪之應用範疇甚廣，可涵蓋社區、平面住宅，高樓公寓。下列係扼要說明這些地域之環境規劃、設計、管理原則[5]。

1.社區之規劃與設計原則

（1）社區應力求同質性，嚴格劃分住宅區、商業區或工業區，減少混雜使用。

（2）避免貧窮之社區與富裕之區域相連接。

（3）社區環境應美化，避免髒亂，並強化照明設備。

（4）社區之未開發土地（地域）應予運用，或透過活動舉辦，強化土地使用。

（5）住宅與街廓配置提供每一居住單位有私用戶外空間及促進鄰里交流之環境。

---

[5] 楊士隆、何明洲，竊盜犯罪防治—理論與實務，台北：五南圖書出版公司，2004年，頁260-262。

（6）社區之出入口數目應予限制，不宜過多。

（7）社區內可酌設死巷，或必要時設立禁止接近或進入之號誌。

（8）設立阻絕物，防止未經授權之人進入特定區域。

2.平面住宅之建築設計與管理

（1）住宅地點避免孤立隔絕。

（2）住宅儘可能不應直接面對道路。

（3）進出入口處必須加裝照明設備（至少四十瓦以上）。

（4）在靠近出入口處避免有高大之樹木遮掩視線。

（5）採用獨特製材之安全窗戶（或加裝鐵窗）及門鎖。

（6）從前門至後門之通道應予管制。

（7）房屋的後面儘可能有堅固的圍籬、柵欄或防護牆。

（8）住宅後院採阻絕潛在犯罪人接近之措施。

（9）住宅後院不可過於隱密，以讓其他住戶可觀察為原則。

（10）起居房的設計，以能夠適當的監控走廊狀況為佳。

3.大樓公寓之預防設計

（1）儘量避免有大量住戶聚集之公寓建築。

（2）公寓建築應有良好之自然監控能力，以觀察陌生人出入情形。

（3）公寓建築物之出入口應配備電子監控系統或請專人看護。

（4）公寓之門應有窺視孔及門鏈之裝置，以觀察陌生人。

（5）公寓之門鎖應予強固並富變化，足以承受重大撞擊。

（6）樓層之樓梯間設計，以可從街道看得清楚為原則。

(7) 電梯口與大門間設置之警衛台距離宜適當，不宜太近。

(8) 貴重財物予以註記或存放置保險箱。

(9) 購置（租用）房屋時，更換門鎖。

八、小出治，犯罪防範環境的設計

日本學者小出治（2006）提出犯罪防範環境設計的4個基本原則，（如圖3-3）：

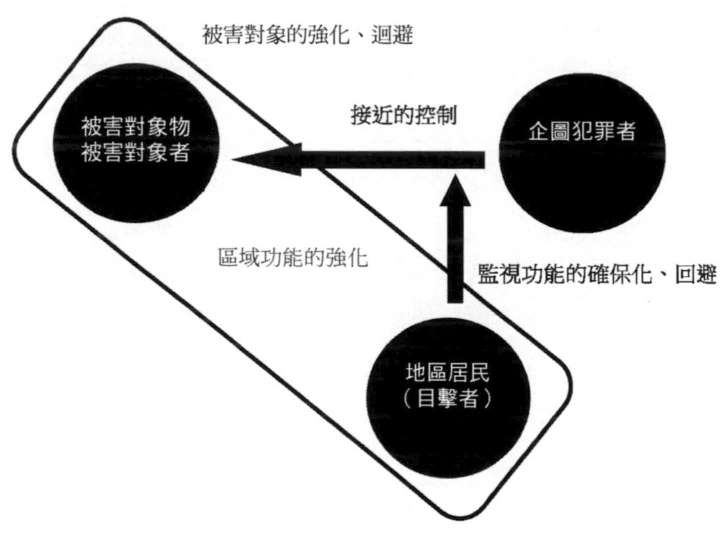

資料來源：小出治（2006）

圖3-3　犯罪防範環境設計的4個基本原則之關係圖

（一）對象物的強化

強化邊界部分（土地邊界、建築物的內外、住戶的內外），使其不易受到侵入。

（二）接近的控制

增加邊界部分，關閉不需要的侵入路線，使侵入口不易受到不法者接近。

（三）人為監視功能的確保

在侵入口或侵入路線等處，營造易於接受到周遭居民注意的環境。

（四）區域性的強化

營造外來人士不易侵入的區域或區域周邊及不易滯留的氣氛。

第二篇
竊盜犯罪偵查

第四章

侵入竊盜偵查

第一節　現場保全

一、到達現場時，應迅速採取現場保存措施，以防止竊案現場足跡、指紋、遺留物等跡證，遭到破壞，導致偵查方向的誤判。

二、現場保全的方法有二：

（一）暫時的保全：封鎖、標示、遮蓋等。

（二）永久的保全：照相、繪圖、紀錄、塑模等。

三、封鎖的範圍，不要限於竊案現場，初期不妨擴大，尤其係侵入竊盜案件，不要僅封鎖屋內現場，屋外周遭；亦應注意是否予以保全。

四、被害人及其家屬，經常會在無意間，去關閉竊犯侵入及逃走的門窗，或整理散亂衣物，導致現場遭到破壞，應特別提醒注意。

五、最早發現竊案之人、目擊者、在場人應將其姓名、住址、在場理由、進入現場時間等明確記載，對於曾觸摸現場物件之人，應追究原因，以作為日後偵查之參考。

第二節　現場勘察要領

一、犯案時間之研判

竊案發生時間的判斷，可能會涉及未來嫌犯不在場證明之主張，所以推定案發時間，至為重要，必須從被害現場，氣象狀況，被害人之行動，目擊者、狗吠聲、物品遺留及鄰近之動靜等，做綜合判斷，以確實推定案發時間；而竊犯中有習慣等候一定時間下手者；欲掌握竊犯的時間方式，應注意觀察下列各點：

◇聽到汽車、機車通過的時間？

◇錶針停止時，其時刻？

◇如下雨，從足跡印象狀態，推定經過時間。

◇聽到其他可記憶聲音之時間？

二、竊犯之「入」與「出」之關係

竊犯在侵入犯罪場所經過之路線，侵入之手段上，經常有其個人之特色，因此應注意觀察從何處侵入？以什麼方法侵入？

（一）侵入途徑之觀察

◇是否攀登牆壁、電線桿或鷹架等之形跡？

◇是否攀沿屋頂、屋棚、曬衣台等之形跡？

◇是否有用梯子、踏板跨越圍牆、門窗之形跡？

◇是否切斷牆、門、鐵窗等之形跡？（如圖4-1）

◇是否鑽進圍牆、門窗等之形跡？

（二）侵入口與侵入方法

侵入手段乃犯罪手法最有力之資料，勘察時須注意下列幾點：

◇如何打開或破壞何種鎖？

◇如何拆卸或破壞門窗？

◇如何拆卸或破壞窗戶之玻璃？

◇如何拆卸或破壞牆壁、屋頂、鐵絲網？

◇是否為攀沿侵入、等待侵入或趁門戶未關侵入？

圖4-1　竊犯破壞門鎖侵入行竊

（三）逃出口與逃走方法

一般而言，逃出口與侵入口均屬同一地點，但高樓建築則從大門逃出，而多數的常業犯，於入後，會先預留逃出口後再動手行竊，在勘察時要注意下列差異：

◇侵入後在著手犯案前，即事先準備逃出口者。

◇犯案中被發現，破壞門窗而逃走者。

◇離去之際，將門戶關閉如前，而由外加鎖者。

（四）竊犯於犯案時有如何之準備？

◇是否有潛伏等待時之形跡？

◇是否切斷電線、電話線？

◇是否對看門犬施加手段？

◇是否確認家人不在？

◇是否為詐欺侵入之犯行？

◇是否在侵入前有施加其他任何手段？

三、犯案工具遺留痕跡及其使用狀況

從留在侵入口現場之破壞痕跡，可以推定竊犯所使用之工具及何方法等，如破壞門窗大都使用鐵撬、起子、刀子等，如仔細觀察，一定可以找到使用工具而遺留之痕跡，由這些痕跡可推定所使用之工具。將現場痕跡利用相機拍攝，並將其長度、寬度、深度測量紀錄保存，對照嫌犯所使用之工具，可做為證據之參考，並可依此判別是否同一連續犯。

四、現場地緣關係之判斷

從現場附近之地理狀況可以判斷竊犯有無地緣關係，因此，現勘察之際，首先必須掌握現場位置及周圍環境，瞭解現場之整體狀況，避免限於局部性觀察；另一方面，現場周圍常可發現竊犯侵入與逃走之足跡，做案前等待之處所，暫時藏匿贓物處及其他遺留物等有力資料，必須進行細密之勘察。

（一）現場附近之環境、地形，可推測出嫌犯來自外地或當地人。

（二）通往現場之道路狀況、交通工具之利用狀況，可推定竊犯潛入及逃走狀況之重要資料。

五、目的物之關係

竊犯有只以現款為目的或專偷易銷贓的東西者，如照相機、珠寶音響、電器等。而目的物之選定，可以顯示竊犯之習慣，觀察時，應探討失物及物色之狀況等，以掌握竊犯係以何物為目標？

六、有無共犯判斷

從做案場所、足跡、物色之狀況、被竊物品之數量與輕重、指紋、痕跡等，可以判斷有無共犯。

（一）在現場及其他附近所遺留的足跡、輪胎痕。

（二）被害人、其他目擊者所看到的犯人人數，所聽到的腳步聲音等情形。

（三）從失物的重量、容積、數量估計是否單獨可能搬運或為其他行為？

（四）在現場所遺留的煙蒂、衣類、鞋子種類等。

七、物色之狀況

（一）物色標的物是否僅以收藏財物的處所為目標抑或四處尋找？

（二）是否只找特定標的物？

（三）侵入後物色行為從何處？如何開始？物色場所是否放置仍呈凌亂抑或予以回復原狀？

（四）在現場狀態上，有無物色特定地方，特定物件的形跡？

八、其他特癖及特異行為

竊犯在下手前、行竊中或行竊後，容易在現場留下個人特癖，竊犯在心理安全及迷信上多不願更改這種特癖，如行竊二樓，理由脫逃方便；馴服看門狗；迷信行為，偷不到東西在客廳灑尿或打開冰箱喝個涼水等。

九、慣竊之判斷（手法）

竊嫌作案的次數愈多，愈會有習慣性的行為，只要平時多注意現場觀察，就會洞悉其模式。

（一）犯行手法的巧拙

竊犯最容易顯示為慣竊者，為其侵入方法，其次為物色方法，例如由下往上打開抽屜的方式，多數為前科犯所為。

（二）選定目的物的方法

竊犯做案次數愈多，其犯罪手法愈巧妙，對其物色的方法也愈高明，例如選擇體積小，變現容易之物品，或在珠寶盒中只取走真品等，可推斷前科犯所為。

（三）物色及其他行動

除上述外，慣竊中也有偷不到東西，在現場小便的特殊習癖，應予注意蒐集。

第三節　現場訪問要領

一、從被害人及家屬口中探詢下列事項：

（一）交往朋友、離職傭人、日常出入者有無可疑人物。

（二）瞭解失竊案件發生原因及其狀況。

（三）失竊前後有無可疑事物？

（四）去有無失竊紀錄？

（五）平時防竊措施狀況如何？

（六）有無聽到狗吠、家禽叫聲及其他四周異狀動靜？

（七）有無陌生人打電話、按門鈴探路？

（八）有無在對講機做記號？

（九）有無利用樓上、樓下、前後、左右鄰居空屋藏匿做案？

二、從附近居民、管理員、巡守員查訪犯罪有利之情資：

（一）被害人、家屬及同居人等之個性、素行、經歷、金錢借貸、信用關係、家庭情形、社交關係。

（二）竊案前後有無發現可疑人物徘徊，以手提對講機做案。

（三）有無偽裝瓦斯公司查錶？

（四）有無偽裝維修第四台？

三、依照案發時間之前後查訪現場附近定期來往之行人（如送報、送牛奶、郵差、上班族、攤販），從口中蒐集有關資料。

四、對案發現場附近竊犯有可能駐足停留之商家，查訪要澈底；例如：超商、餐飲店、遊樂場，很可能獲得重要線索。

第四節　地緣關係之清查

竊犯欲做案時，通常會從風險性高低及報酬性多寡做考量，因此，在目標的選擇，會從自己熟悉的場所作為優先對象，而以竊犯與犯罪現場之關係，所實施之偵查，稱為地緣關係偵查。

一、從下列犯行狀況，可以認定竊犯與被害人有熟識關係。

（一）侵入口或逃出口在普通人不易察覺的地方者。

（二）知悉開啟特殊門鎖的方法者。

（三）知悉可以容易侵入的狀況而無特別尋找侵入口的形跡者。

（四）知悉家屋構造，隔間設備者。

（五）事先知悉家屬人數，收入情形或俟臨時鉅額收入時，下手行竊。

（六）專向被害人所獨有之物件下手，如權狀，書畫、古董。

（七）現場故意偽裝者。

（八）侵入後，逕至目的物存放處所，而其他處所未翻動過者。

二、從現場狀況予以判斷有無地緣關係，如有下列情形可以認定其有地緣關係：

（一）發生場所是否必須知悉該地理環境狀況，始能為之者。

（二）利用人跡罕至之捷徑、窄巷，便道。

（三）事先知悉案發地點附近行人動態，而朝安全方向逃逸。

（四）不必利用車輛等交通工具，而可搬運有重量、大體積之物。

（五）贓物之藏匿處所，為外地人所不易知之場所。

三、從上列情形，列舉與被害人有關係之人，從中篩選：

（一）有犯案動機者。

（二）有犯案機會者之對象，進行偵查。

第五節　遺留物之採證

採證遺留物，必須由做案之時間、場所乃至竊犯之行動等，檢討何處遺留最多。

一、從時間關係，研判竊犯在現場附近可能躲藏伺機下手的地方，搜查竊犯之遺留物，如丟棄在地上之煙蒂、打火機、手電筒用乾電池、報紙、雜誌、檳榔汁、統一發票等。

二、從場所關係，研判竊犯可能侵入的路徑或逃逸路線中，搜查竊犯之遺留物，因此時，竊犯行動最慌張，容易在無意識下遺留指紋、掌印、血跡、口水、檳榔汁、煙蒂或掉落身上所攜帶之物品，尤其是侵入用工具、衣物、手帕、帽子等。

三、竊犯為被害人發覺或為警所追捕時，於逃逸路線應仔細查證是否為竊犯遺留物。

四、搜查竊犯遺留物時，除注意屋內之垃圾箱、廁所外，現場附近之下水道、水溝、垃圾箱、草叢、空屋等場所，亦須作澈底之搜查。

五、對附近行人的實施訪問工作，有時可發現有拾得贓物及破壞工具遺留物者。

第六節　調閱監視器偵查

調閱要領：

一、調閱失竊地點周邊監視器。

二、以失竊地點為中心擴大調閱範圍（同心圓）。

三、發現作案交通工具，車牌沒問題，以車追人。

四、發現作案交通工具，車牌有問題，持續調閱下車點嫌犯去處。

五、調閱過程中應注意嫌犯是否接觸第三人，也可從第三人再反追嫌犯。

六、注意是否變裝或換乘交通工具。

圖4-2　監視器

【提款機竊盜案偵查實例】

聯合報2002年曾有一則聞之聳動的報導，標題是「神偷10分鐘盜取9名畫，價值三億元台幣」，報導內容略為：德國柏林以收藏表現主義畫作著名的布呂克博物館，2002年4月20日破曉前竊賊攀越博物館的圍牆，以液態泡沫癱瘓警報系統，用硬紙板把照明燈遮住，接著打破博物館後方的玻璃窗闖入，切斷連接九幅名畫的警報電線，再穿過後花園，把九幅名畫運到負責接送的車上。與警局連接的無聲系統啟動，一輛巡邏警車在數分鐘內趕到，這群賊已逃之夭夭，警方找到的唯一線索是一支鐵撬，而找不到破案關鍵的指紋。

從上則報導可見竊賊犯案手法乾淨俐落速度之快堪稱「神偷」，反諸國內有無類似如此高段行竊手法呢？答案是肯定的。從近年來國內各類型竊盜犯罪手法分析，其中以癱瘓金融機構、大型賣場內之保全系統以及精湛的破壞技術，破壞自動櫃員機（俗稱：自動提款機或ATM），竊取機內置放之現鈔的竊盜集團，渠犯案手法可媲美「柏林布呂克博物館遭竊案」。

刑事警察局偵四隊查獲以李〇〇為首，專以行竊國內各縣、市金融機構、大型賣場置放之「ATM」內現鈔的竊盜集團，計犯下嘉義縣東石鄉農會本會「ATM」等八件重大竊盜案。就渠等犯案之高超手法、偵辦困難度以及偵查要領，在此提供讀者參考：

一、慣用手法

本案為首李〇〇係國內知名「ATM」慣竊，由於身分特殊，故早已被列為首要清查對象，但因李某事先精密規劃犯案，方得以肆無忌憚持續犯案而不被查獲。

（一）犯案前準備工作（絕對避免身分曝光）

1. 至大賣場持他人會員卡購置犯案必需使用工具，如：鑽鋼機、鑽頭、鐵撬、油壓剪、鱷魚夾、攀降繩索等工具。作案工具絕不擺放住處，交尤其他無竊盜前科共犯保管或寄放不知情人處。
2. 與共犯平日聯絡，不以家中電話或名下行動電話門號聯絡，均使用公共電話。
3. 個人使用之交通工具係以他人名義購置，平日行駛中隨時注意是否被跟蹤。
4. 購置作案時使用之交通工具，係以無竊盜前科共犯名義購置，車輛平日藏匿於隱密處所。
5. 本人及家屬名下銀行帳戶，不留大筆資金進出紀錄。
6. 隨時準備一雙新運動鞋及夜行衣置放在作案時使用之交

通工具內（如作案使用過則立即燒毀或丟棄他處，以防日後辦案人員搜索查獲比對痕跡）。

7. 事先交代其他共犯，如有人不幸落網，不可供出其他真正共犯，而以謊稱一些已偷渡逃至國外之竊盜通緝犯敷衍辦案人員，並誤導偵辦方向。

（二）尋找下手目標

1. 沿途尋找目標，先做初步選定多處目標，再利用營業時間進入以假藉換鈔、購物，察看室內保全系統，並預判可能侵入及逃逸出入口。
2. 選擇平日置鈔較多地區之「ATM」。
3. 了解保全系統使用之主機機型，必要時先至他處偷竊同機型主機進行研究。
4. 標的物選定基本原則：

（1）室內空間較大處所：能利用保全系統死角進行破壞或癱瘓之。

（2）**獨棟建築物**：侵入及破壞不易被鄰人發現、鑽鋼機鑽孔時無驚擾鄰人之顧慮、把風共犯在外得清楚監視。

（3）**有鐵皮搭建之建築物**：於較隱密處剪孔作為侵入口，並可作為緊急逃逸出口。

（4）**較多出入口之建築物**：較多選擇逃逸出口機會，以免不慎誤觸保全系統，不及退出現場，而遭發現。

（三）作案分工

1. 把風者在外監視，並以無線電與共犯保持聯絡。

2. 行竊者分三階段著手行竊：

第一階段：於較隱密處剪孔侵入，由了解保全系統專業知識之李○○進行破壞、癱瘓保全系統，甚至於製作迴路回傳假訊息予保全控管中心，使其誤判狀況，拿走所有監視錄影帶（因先前現地勘察已被攝錄）。此階段完成後立即退出車上或侵入口附近，觀察是否順利，有無誤觸而發報，如無，則更換破壞工具進行第二階段。

第二階段：重回現場，一人以預備之鑽鋼機在自動提款機上鑽孔，另一人則在旁提油壺將冷卻液注入鑽鋼機內潤滑及降溫，直至破壞自動提款機鎖頭，撬開提款機安全門取出置鈔箱竊取現鈔。

第三階段：取出置鈔箱竊取現鈔後理應立即撤出現場，唯該集團卻會將現場打掃乾淨，再以現有之物遮蔽被破壞處，現場鑽孔實體及鐵屑、置鈔箱等則包裹藏放於天花板或置放於現場原有紙箱內，一切處理完畢，再將原癱瘓之保全系統恢復後，撤離現場。當保全公司發現異樣派保全員趕至現場時，因未發現有遭竊痕跡，卻以誤觸或未發現異樣回報控管中心，此時一干歹徒已在回家途中，興高采烈地數點現鈔。

二、偵辦難度所在

（一）案發現場蒐證困難：

歹徒作案時均戴上手套，不留指紋。作案使用工具均帶離現場藏匿他處，丟棄作案時所留下鞋印之新運動鞋。

（二）實施車輛跟監困難：

1. 市區跟監行進中車輛，常因交通號誌瞬間變化而遭阻隔；或因他車插入而脫控。
2. 歹徒實施反跟監測試，往往破使辦案人員使用之車輛必須放棄繼續跟監或立即調換其他車輛接續跟監（執行車輛跟監，事前需有完善、詳細規劃與部署）。

（三）不能實施通訊監察。

（四）資金往來追查困難。

（五）不能運用污點證人。

三、偵查要領

（一）「ATM」竊案有這方面技術之竊嫌不多（如圖4-3），可從刑案知識庫調閱已建立資料，鎖定追蹤，若有犯案即可瞭解一定範圍竊嫌所為。

（二）竊盜案件不能實施通訊監察，然可從可能犯案竊嫌手機，調閱通聯紀錄，分析渠等案發或案發前是否到過現

圖4-3　侵入破壞提款機

場，即可進一步確認。

（三）從刑案發生統計資料分析犯案週期性，了解選擇作案目標之選擇依據及犯案時間（李○○「ATM」慣竊集團常選擇週五夜侵入至週六破曉前完成，理由為週五「ATM」下午補鈔金額最多）。

（四）根據李○○「ATM」慣竊集團成員於作案時是不會以手機聯絡，因此必須採取難度較高之跟監方式偵查，惟應配合GPS及GSM跟監科技，才有奏效可能。

（五）到達「ATM」竊案現場時，應嚴密進行現場勘察，確實掌握犯案手法，同時對現場之遺留物、手套、破壞痕跡（鑽鋼機鑽孔痕跡、保全系統剪斷或迴路電阻器夾痕）、鞋印、輪胎痕、隔絕溫感物（如鋁鉑紙、保利龍）等，均應特別注意蒐證，否則逮捕後很難突破舊案。

總之，從德國布呂克博物館失竊名畫犯案手法觀之，歹徒作案在講究速度及技術，此與李○龍犯案手法相當一致，因此偵查犯罪工作者，在環境急速變遷時代，應有所領悟，必須偵查策略有所精進，從傳統方法橫衝直撞辦案方式應轉變為科學偵查方法。如此才能符合E世代民主、法治辦案要求。

【合作遣返史上最大跨國竊盜集團嫌犯趙秀○及黃聰○案實例】

一、查獲單位：

（一）警政署刑事警察局國際刑警科。

（二）警政署入出境管理局。

（三）駐日本代表處。

（四）日本東京入國管理局。

二、查獲時間：2006年2月10日。

三、查獲地點：日本。

四、查獲嫌犯：趙秀○及黃聰○。

五、案情概要及查獲經過：

（一）趙秀○曾有殺人未遂及竊盜等前科。為有犯罪習慣之人，曾於1985至1986年間犯竊盜罪，經判處有期徒刑六年，於1993年9月假釋期滿執行完畢，復與許添○、林金○、于治○、陳劍○等人以三人或四人為一組之組合，共同連續持大起子、鐵撬，鉗子、鎯頭等工具。以破壞保險櫃及金庫方式，竊取國內各地數十家公司及住宅財物，遭判處徒刑2年10月，並於2003年4月25日遭台中地檢署發佈通緝。

（二）趙秀○於所涉國內竊案審判期間。另夥同國人黃聰○、何怡○、許添○等四人，自2000年12月至2002年1月間十餘次利用短期簽證進出日本，在日本東北、關東、中部、近畿、中國地方等一府二十三個縣，夥同日本不法分子犯下竊盜公司金庫案件達165件。計不法獲利日幣五億五千四百萬元（折合新台幣計一億六千七百多萬元）。案經日本埼玉、長野、滋賀、奈良縣警察本部組成專案小組，於2001年11月21日在渠等侵入長野縣岡谷市內某公司事務所行竊金庫時，予以逮捕送辦。2002年5月20日經埼玉地方法院以竊盜罪嫌提起公訴，7月26日經該法院判處何嫌有期徒刑四年六個月、黃等三嫌有期徒刑五年，8月10日判決確定並發監服刑。

（三）2006年2月初，日方透過我駐日代表處通知刑事局，趙秀○、黃聰○已獲假釋出獄，由我國警方派員押解返臺，將搭乘2月10日（星期五）下午14時10分成田機場起飛之中華航空CI109號班機遣返回台，預定是日下午17時15分抵達中正機場，逕予解送法院歸案服刑。

（四）趙秀○等人竊盜集團精通破解保險櫃及金庫手法，係史上最大宗將犯罪技術輸往日本，造成日本全國各地重大危害犯罪集團，餘兩名共犯國人何怡○及許添○，亦將俟服刑期滿後，押解回國偵辦。

【善用監錄系統偵破沉香木重大竊案偵查實例（一）】

一、案情摘要（嘉義縣警察局提供）

本縣新港鄉香藝文化館沉香木等物品遭竊案：該館於2012年1月22日（農曆除夕）凌晨3時許，遭歹徒侵入行竊（如圖4-4、4-5），經調閱館內監視器顯示，2名歹徒於3時6分，由

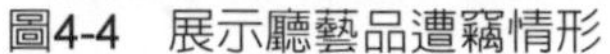

圖4-4　展示廳藝品遭竊情形

圖4-5　展示廳藝品遭竊侵入地點

該館1樓左側（臨159線－嘉北公路）打破窗戶玻璃並割破木板後侵入行竊（據被害人清查發現1樓展示廳共3處計有沉香木、銅器等60件遭竊，損失達新臺幣千萬元），於4時30分1輛深色自小客車停於該館左側停車區接應作案之歹徒後，沿159線往嘉義市方向逃逸。

二、偵辦經過

調閱監視器，分析涉案車輛特徵、行進路線，開啟破案契機：

1. 調閱香藝文化館館外監視器，發現接應作案歹徒之車輛為深色自小客車、右前大燈不亮（亮小燈）、前車門兩側裝有晴雨窗。
2. 調閱本局設置於159線往嘉義市方向－嘉太工業區及南新派出所前路口監視器，發現1輛懸掛9525-MG失竊車牌之黑色自小客車與歹徒所駕車輛之特徵相符。
3. 調閱159線進入嘉義市區沿線監視器，未發現該涉案車輛，研判該車上國道一號嘉義交流道，繼調閱刑事警察局建構「涉案車輛查緝網」建置於國道一號斗南及新營收費站各閘口之監視器，發現4825-Q2號自小客與涉案車輛特徵相符。

4. 回查案發前4825-Q2號自小客車行進路線及與9525-MG失竊車牌之關聯性：經調閱9525-MG車牌失竊地點（臺南市仁德區保華路、崇德街口－成功里活動中心監視器），發現該4825-Q2號自小客車，於當（22）日1時4分，曾往失竊車牌地點行駛，並於1時50分行經新營北上（05）車道、繼行經159線南新派出所、嘉太工業區，於2時15分在159線月眉潭前路段改懸掛9525-MG失竊車牌前往作案地點。
5. 循線發現犯嫌林○宏曾於1月23日在彰化市某日式炭烤燒肉店撥打該店市用電話，經調閱該商家監視器畫面，發現林○宏、蔡○賜等2人影像與人犯相片檔相似。

【善用監錄系統偵破新北市汐止區星光橋電纜線竊盜案（二）】

一、案情摘要

新北市汐止地區近期星光橋、新社后橋、U-BIKE自行車道及汐止聯絡道橋改建等多起公共工程起造，另房地產業新興，更有多起建案趕工進行，廠商便宜行事，現場工程用電線、電纜均裸露在外未妥善保管，成為竊嫌覬覦之目標。基隆河沿岸工地接連發生電纜線遭竊案件，多次持月牙剪，竊取電線、電纜，致使工程延宕，造成廠商損失慘重，遂向警方報案。

二、偵查作為

（一）鑑識採證

1. 犯案工具：由電線剪斷痕跡研判犯案工具為月牙剪（如圖4-6）。

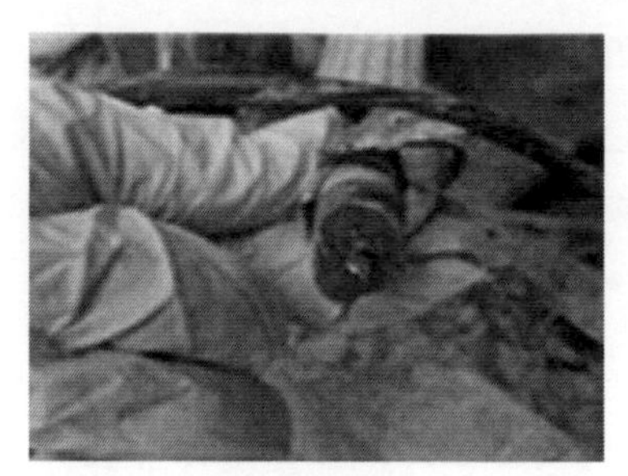

圖4-6　電線剪斷痕跡

2. 交通工具：現場出現輪胎痕研判犯嫌駕駛汽車犯案。

3. 生物跡證：現場留有檳榔渣及安全帽可供DNA比對。

（二）清查毒品、竊盜毒品人口

針對毒品人口有「竊盜素行者」進行過濾清查，更針對100-103年列管電線、電纜類竊盜人口等23人逐一清查。

（三）調閱監視器

統合各單位監視器調閱人員開會檢討，發現犯罪現場附近共通點，均有3811-××自小客出沒；再以關連式分析平臺，查出車主戶內張○○除有毒品習性，更有多次竊盜前科。

（四）比中對象鎖定張○○犯嫌後，彙整所轄監視器、車輛及證物，作全盤性整合，順利破獲轄內6件竊盜案。

三、破案關鍵

（一）彙整所轄監視器、車輛及證物，作全盤性整合剖繪分析。

（二）失竊現場附近共通點，均有3811-××自小客出沒，為主要偵破關鍵。

第五章

扒竊偵查

第一節　扒竊手法

指於混雜場所追隨或以手拿衣服、帽子、報紙、提包、雨傘，用來擋住被害人視線竊取其貼身財物，或從其攜帶之皮包中竊取財物。犯案手法，不論那一種，都有一共同點，製造擁擠，因此，偵查時看眼神、觀舉止、聽語言、看雙手、識穿著是很重要。如果公車上擠得像沙丁魚，扒竊集團的「推車」（在扒竊行動中，前後左右製造擁擠之人，其任務為掩護雞老闆下手），更會趁勢推波助瀾，伺機下手。假如公車上人並不多，則由三、四個「推車」製造擁擠，以便動手。常見公車扒竊手法如下：

一、明知故問型

利用上車時動手，公車靠站後，一名「窩裡雞」（扒手總稱）搶到被害人前面，作勢要上車，卻擋住門口，故意問司機這輛公車到那一站，這時被害人的左右或後面另限二至三名「推車」，貼身地把被害人夾擠在中間，趁著門口那名與司機一問一答的時候，在擁擠混亂中，由「雞老闆」（扒竊集團之首領）迅速下手竊取被害人的錢包，這時擋住在被害人前面問路的「窩裡雞」，也轉身從被害人旁邊擠出去，被害人這時才得上車，但錢包已被神不知鬼不覺的扒走，三、四個「窩裡雞」和下手的「雞老闆」卻統統沒有上車。這種是扒竊集團最常使用作案方式。

二、前擋後擠型

由第一種方式衍生而來，公車未靠站前，已看好下手對象，車停站後車門一開，趁著上車時的一團混亂，兩名「窩裡雞」擋在被害人前面，另兩名在被害人後面「雞老闆」在後面趁勢下手。

三、兩側包抄型

這種作案方式仍然是在車下進行，兩名「窩裡雞」趁上車混亂時，從左右兩側把被害人夾住，「雞老闆」由被害人後方貼身擠近，下手扒竊。

四、請君入甕型

是讓被害人上車後，在車門動手的作案方式，公車上人不多時，常被使用。公車靠停前，車上三、四名「推車」的都已站在車門口，作出要下車的樣子，停車後等被害人上了車，這幾名「推車」的「窩裡雞」一面叫被害人往裡面走，一面又故意擠擋對方，當對方從他們的夾縫中擠過去時，「雞老闆」趁機下手；另一種情況是，「雞老闆」在被害人遭「推車」夾擠時，從後面走到車門附近裝著要在下一站下車，迎著被害人一陣亂擠，伺機下手。得手後公車在下一站停靠，這時扒手全部下車。

五、十面埋伏型

當公車在進行中，車上擁擠不堪時所使用方式。「窩裡雞」在公車上選定「凱子」（行竊的對象），三、四人分別擠向「凱子」，圍擠在「凱子」四周，「凱子」在不知不覺中已被孤立，「推車」的開始製造貼身擁擠，並以身體及拉住公車環套的手臂，使「凱子」無法動彈，「雞老闆」在擠動中，迅速下手。得手後在下一站立刻全部下車。

六、左勾右搭型

這是在車上扒竊的方法，三人一組的扒竊集團都使用此法。當滿載乘客的公車行進時，兩名「推車擠到「凱子」左右，故意夾擠，由「雞老闆」從後面貼擠下手。

七、聲東擊西型

在車上使用的手法，專對帶著小孩的婦女下手。二、三名「推車」故意去夾擠小孩，使小孩哭鬧，婦女如忙於照應小孩，「雞老闆」伺機下手。

八、晴天霹靂型

二、三名「推車」有意圍住一名婦女，尤其中一名裝作是該名婦女的丈夫，一上車就打婦女耳光，並怒罵婦女說她偷家裡的錢逃家，使該名婦女百口莫辯，趁她驚嚇之餘，「雞老闆」從旁迅速下手。

此外，百貨公司扒竊大都以女性為被害對象，其常見手法有：1.利用人潮擁擠挑衣服時趁妳不注意時打開妳的手提包扒竊。2.選購衣服試穿時，手提包擺放在櫃檯上，趁機被拿走。

第二節　扒竊黑話

作者於臺北市刑大偵五隊累積多年偵辦扒竊經驗，發現扒手江湖術語黑話有下列幾種：

一、雞老闆：扒竊集團之首領，通常為下手者。

二、窩裡雞：扒手總稱。

三、推車：前後左右製造擁擠的人，掩護雞老闆下手。

四、跑輪子：在車上的扒手。

五、跑大輪：在火車上行竊。

六、跑小輪：在公車上行竊。

七、凱子或點子：行竊的對象。

八、藍頭：鈔票。

九、跑檯子：在銀行裡行竊，又稱高買。

十、老四：扒手對刑警之稱呼。

十一、金剛：真的。

十二、眩的：假的。

十三、插頭：西裝褲兩邊之口袋。

十四、後門：後褲口袋。

第三節 扒竊偵查

一、建立扒竊檔案，分析作案路線及對象，熟記扒手黑話。

二、應充分熟悉及牢記易犯案扒手對象及其居住地。

三、從扒竊居住地點開始跟蹤，全程為尾隨監控，發現做案時，伺機逮捕。

四、分析外籍犯罪集團作案行竊紀錄，入境時對特定易遭竊地點實監控，若犯案即刻逮捕。

第六章

汽、機車竊盜偵查

第一節　歷年汽、機車竊盜偵防措施

車輛失竊在竊盜案件中佔最大宗，尤其早期機車遭竊，多是借屍還魂（套裝）最多，因早期機車過戶不用驗車，套裝集團收購老舊機車之車籍資料及車牌，再用竊來同款式機車，將舊車引擎外殼及車牌套裝上去，就變成一輛借屍還魂新車。至於汽車為數不少是解體賣零件，警政署有見於車輛失竊佔大宗，十幾年來採取一連串防竊及偵查措施，真正最有效治本措施是2007年規定所有新出廠汽、機車加強烙碼措施，以及機車滿5年過戶需驗車規定，才大幅度下降汽、機車失竊。下列專案均是階段性偵防措施：

專案名稱	實施期程	機車竊盜偵防措施
1.提昇國家治安維護力	9107-9206	阻斷銷贓管道
2.維安專案	9203-9205	阻斷銷贓管道
3.反銷贓執行計畫	9208-9307	（1）阻斷銷贓管道 （2）查察治安人口
4.全民拼治安行動方案	9403-9412	（1）阻斷銷贓管道 （2）過戶臨時檢驗 （3）機車加大鎖
5.清源專案	9502-9505	阻斷銷贓管道

專案名稱	實施期程	機車竊盜偵防措施
6.改善治安強化作為專案計畫	9503-9509	(1) 阻斷銷贓管道 (2) 機車烙碼
7.神捕英雄專案	9504-9704	全民找失竊車輛
8.強化治安工作計畫	9601-9612	(1) 阻斷銷贓管道 (2) 機車烙碼
9.強化掃蕩汽機車解體工廠專案評核計畫	9708-9712	(1) 阻斷銷贓管道 (2) 查察治安人口 (3) 聲押竊贓慣犯
10.同步查緝易銷贓場所行動專案工作計畫	99年3月起至今	(1) 阻斷銷贓管道 (2) 加強巡邏查察 (3) 聲押竊贓慣犯
11.強化掃蕩汽機車及自行車竊盜犯罪評核計畫	101年7月起至今	(1) 阻斷銷贓管道 (2) 查察治安人口 (3) 聲押竊贓慣犯 (4) 機車加大鎖 (5) 勿停放陰暗處

第二節　汽車竊盜犯罪手法

汽車竊盜犯罪手法日新月異，由傳統借屍還魂、解體出售零件、裝貨櫃外銷銷贓進而演進竊車勒索組織性專業分工犯罪型態，作者從事竊盜犯罪偵防工作多年，依實務工作經驗，汽車竊盜犯罪手法有六種：一、詐領保險金、二、詐欺竊盜、三、借屍還魂、四、贓車解體、五、走私外銷、六、竊車勒索，茲分述如后：

一、詐領保險金

（一）以合法手續購買合法車輛向監理單位領得臨時牌照後，將原車身、引擎重新編打與偽造之車籍證件相符，再正式向監理單位冒領牌照後（均以新車向保險公司辦理保全險），復報失竊詐領保險金一次或二次，然後再還原，以臨時牌照領取這部車正牌照使用。

（二）進口汽車中發現「幽靈車」尤其失竊理賠率高幅度較明顯的車種，即不法集團利用偽造進口汽車的車籍資料，例如引擎號碼以阿拉伯數字打印最後一位數是1，則易於偽造出4和7二個分身最後一部車申請三份牌照，個別投保而將尾數4和7二部車報失竊取得不法保險利益。

（三）利用政府針對汽車應強制投保強制險之規定，而各產物保險公司對理賠金處理過程疏漏輕忽，不夠嚴謹之際，藉以訛詐各產物保險公司之保險巨額理賠金，其作業手法首先以他人名義（騙取或偽造他人證件）後向各產物保險公司投保強制汽車險及任意險，然後佯稱車輛發生事故後偽造車輛肇事之過程及地方法院檢察署之起訴書、民事賠償判決書、死亡證明、戶籍謄本、繼任系統表等公文書以證明來取得保險信任審查通過達到騙取高額理賠金。

（四）詐騙汽車配件理賠：將公司車或自己高級車輛，先故意報失竊，取得警方開具發生證明單後，將車內高級音響及電腦等較具價值配備卸下，然後將車停放路旁讓警方尋獲或自行報尋獲，由於車內已無配備，因此再向保險公司申請配備理賠。

二、詐欺竊盜

（一）竊嫌利用平面媒體刊登應徵司機、牛郎等機會詐騙本人相片變造後向汽車當鋪典當，但惟恐當鋪人員會反查證其身分，乃於典當前即安排好聯絡之電話號碼，致當舖人員不易查覺其真正身分（某些當鋪甚且疏於反查），且偷竊與典當時差短，當鋪業者或疏於注意或從監理機關無法即時查出是否失竊車輛，到造成竊嫌典當得逞。

（二）失竊前即被過戶：目前車行或一般民眾可利用電話或電腦查詢車籍資料，但只限在監理單位上班時間查詢，因此就有竊車集團以偽造或偷來車籍和個人資料，利用週休兩日星期五下班之前過戶接著將偷來汽車立即脫手。

（三）以竊取高級賓士轎車為對象（如賓士S320）：首先鎖定下手目標賓士S320汽車，經跟監後該車暫停時俟機戳破其後輪胎，當該車再行駛發現輪胎有異聲下車查看及更換輪胎之際，將預藏外型相同之鑰匙與該車鑰匙互換（或抽換鑰匙之晶片），致該車輪胎換畢卻無法啟動引擎行駛，駕駛人通常誤以為係鑰匙損壞而暫離現場以聯絡取得備份鑰匙或拖車事宜，竊嫌乃利用這段空檔時調換來之鑰匙迅速將車駛離現場（新型賓士汽車係以鑰匙晶片來啟動引擎，且可從晶片鑰匙反查該車車籍資料）。

（四）贓車漂白1：先行收購肇事車之合法證件資料，然後再行偷竊符合肇事車主車輛移花接木，為了取信新買主將車向汽車租賃公司辦理貸款，然後不按期繳納分期付款，供貸款公司據以移送法院提出民事訴訟，貸款公司再以拍賣法定程序取用，即成自以為合法取得車輛出售謀取不法利益。

贓車漂白2：竊車集團竊取高級汽車，偽造車主身分證及車籍證件向員警謊報自行尋獲失車辦理註銷失竊記錄，取得員警開立之車輛尋獲證明單，持車輛尋獲證明單向監理單位辦理重新領牌取得合法車籍身分，以中古車價格轉賣給不知情車行或民眾脫手圖利。

三、借屍還魂

（一）高級車失竊（尤其失竊被銷往國外車輛無法尋回）竊盜集團利用管道與失主聯絡，希望付出相當之款項後，竊取複製相同廠型（車身號碼、引擎號碼、顏色、西西均與失竊車相同）之車輛指定地點停放，再打電話給失主，由失主至派出所報註銷尋獲。

（二）監理單位為便民，採取資訊公開將車輛之車籍資料提供，雖然只提供車主姓名及公司行號開頭字碼和住地之路巷，但就可能被歹徒複製一部完全相同車輛賣給貪小便宜者。另一種是事先冒用原車主身分向監理單位偽稱行照遺失補發，隔日再以補發之行照持往監理單位冒稱原始車籍證件遺失申請補發，取得監理單位所補發之行照及原始車籍證件後，再俟機竊取被害人車輛（利用失竊後被害人報案輸入失車空檔），持往變賣或典當圖利。

（三）竊犯以竊得車輛內身分證、駕、行照之車輛後，變造身分證持往典當或變賣（利用失竊報案輸入失車空檔）或者歹徒以偽造之身分證、駕照向逃漏稅之租賃車行承租非雙胞牌之車輛（非租賃車），再以偽造身分證、駕、行照，持往變賣或典當圖利。

（四）以肇事撞毀不堪修復之車輛證件，竊得贓車變造引擎號碼及車身號碼，再掛上原車牌出售。

（五）以失竊車之證件收購後，再行竊同型贓車套裝，再變造車身、引擎號碼，懸掛偽造車牌後，向警察機關報尋獲，取得證明再向監理單位申請復駛，而成為合法車輛再予出售。

（六）竊嫌經常為一有組織集團，於竊得新車時即重新偽造新車出廠證件（若是進口車亦偽造進口與貨物稅完稅證明書等），將竊來之新車重新打造偽造之車身號碼，並利用變造之他人身分證至監理單位重新領牌（偽造之車身號碼含鋼板均整塊切割偽造再焊接，以辨識真偽），於取得新車牌照後復持偽造證件將該車典當於汽車當鋪。

（七）利用人頭虛設公司，持偽造證件向監理機關申請車籍資料，偷竊同型汽車，打造車身號碼，連車廠識別都可輕鬆複製，由無生有完成一部連原車廠都認不出的進口車，再配上歹徒仿印知名公司高階主管名片銷售。

四、將贓車解體

贓車解體成零件後，出售零件圖利。

（一）根據所查獲案件，大部分解體工廠不在中古汽車材料行或修配廠內。換言之，中古汽車材料或修配廠解體是，有但只是夾帶性質。

（二）解體工廠型態：

1. 占用面積至少200坪以上才夠使用，因牽涉解體工具及停車範圍關係，以鐵皮屋居多。
2. 窗戶緊閉，內以木板隔住，讓外人無法看到內部狀況。
3. 地點均相當隱密，大多選擇唯一出入口之通道或者是小型加工區內廠房亦是他們最愛。
4. 贓車入庫後會待引擎冷卻後進行拆卸工作，主要是拆卸安全問題。
5. 慣性會將每日處理後贓車零件立即載走，另將車牌、條碼、車主遺留車內等易辨識東西一併處理乾淨。

（三）中古汽車材料行經營型態：

1. 販售零件均係處理過贓車零件。
2. 販售正廠零件兼售贓車解體零件。
3. 店面型：店內擺設合法零件，但附近另有倉庫，要貨時再去倉庫取出。
4. 鐵皮屋型：至少使用面積均在300坪以上，不管合法及不法零件均存放在裡頭並當場販售。

五、贓車解體工廠偵查要領

（一）情報正確直接聲請搜索票搜索。

（二）鎖定主嫌車輛利用GPS追蹤外場（有法源後才能實施）。

（三）有問題中古汽車材料在附近裝設影音傳輸系統監控，伺機聲請搜索票搜索。

（四）調閱現場買賣資料逃漏稅一併偵辦。

第三節　機車竊盜犯罪手法

一、機車銷贓管道絕大部分是由中古車行合法購得舊機車或肇事無法修復機車（包括證件）委託小偷竊取同一廠牌車輛借屍還魂後，再交給中古車行收取佣金再展示賣出或由專門改裝贓車集團將改裝過機車（含證件）販售給中古車行。

二、直接在中古車行內進行改裝贓車，是一種夾帶性質，每日處理數量不多。

三、借環保廢棄車輛標單，以廢鐵名義或將贓車打上廢棄車輛引擎號碼夾帶出口。

四、不管拆卸零件販售或借屍還魂出售，值得注意其解體改裝地點多選擇在郊區鐵皮屋或偏僻公寓內進行，使用面積約30坪即夠用且大多將四周窗戶封死，甚至加裝隔音板，主要目的是不要讓外人瞭解裡面狀況。

偵查要領：

一、情報正確直接聲請搜索票搜索。

二、鎖定載運車輛利用GPS（有法源後才能實施）或跟監追蹤外場。

三、有問題中古機車行附近裝設影音傳輸系統監控，伺機聲請搜索票搜索。

四、調閱現場買賣資料逃漏稅一併偵辦。

五、調閱機車行電腦內資料，追蹤銷贓者之源頭及機車贓車購買者。

第四節　竊車勒索案件偵查

一、犯罪特性

（一）運用人頭戶（卡）：在集團確立分工後，會先自雜誌、報紙等媒體分類廣告中，購得犯案所需之行動電話卡、銀行或郵局之存摺、提款卡；亦有係透過集團成員介紹，收購人頭身分證，利用該人頭身分證向多家金融機構、行動電信公司申辦帳戶及電話。

（二）專業化分工：因為竊車技術關係，有專責分工竊車者，待負責竊車之歹徒竊得車輛後，利用車主留於車上之聯絡電話或其他徵信管道取得車主電話，將車主資料再交給負責打電話之歹徒，向被害人恐嚇勒索，同時指定帳號，限車主於指定時間內將贖款匯入且堅持不當面取款，一旦被害人妥協匯款後，再由負責提款之歹徒以金融卡於不特定地點自動櫃員機提款提領一空，歹徒或於提款後通知被害人取車，或從此音訊全無，使車主蒙受二次損失。

（三）單向聯絡：歹徒為歸避警方調閱通聯紀錄分析，固定以「人頭」電話與車主聯繫，使警方調閱到資料均是被害者資料，無從得知歹徒個人資料。

（四）多重電話轉接：歹徒利用多重電話轉接逃避警方查緝，甚至將提款及接聽話地點移至境外，難以溯源追查。

（五）歹徒撥打行動電話時，大多不在居住處所之行動電話蜂巢位置範圍。

（六）利用不特定之金融機構提款機領出贓款，領款時大多頭戴安全帽、手戴手套。

二、行竊手法

（一）以選自車上有留言板車輛為主。

（二）無方向盤鎖、枴杖鎖、排檔所及暗鎖之車輛。

（三）作案方式：

1. 行竊固定車種勒索，例：賓士車、Ceffiro。
2. 行竊無固定車種車輛。
3. 登廣告騙車勒索。

（四）作案手法：

1. 打造T字起子直接插入鑰匙座啟動。
2. 車主疏忽未鎖好門窗，鑰匙插在車上，徒手將車竊走。
3. 複製鑰匙竊走。
4. 拖吊。

5. 使用L尺及鐵絲勾起門閂竊走。

6. 打破車窗接通電源竊走。

7. 破壞方向盤鎖、排檔鎖再用T字起子插入鑰匙座竊走。

8. 使用俗稱萬能鑰匙竊走。

9. 現場複製晶片鎖竊走。

（五）索款金額：

1. 高級車10~20萬。

2. 國產車2~8萬。

（六）索款後情況：

1. 款去車回。

2. 款去車不回，不再聯絡。

3. 款去車不回，解體。

4. 款去車不回，亂棄。

5. 款不足，車燒掉。

6. 款去佯稱帳戶被凍結需另匯指定帳戶。

三、偵查方向

（一）歹徒提款之地點，大致為其居住縣、市地區之提款機。

（二）反求歹徒聯繫被害人時所用之行動電話。

（三）赴銀行調閱歹徒所指定帳號之基本資料及資金往來明細此設法採指紋、以及分析該帳戶之提款情形、提款地點及提款歹徒之錄影帶資料，並將錄影帶資料製成照片，供日後指認之用。

（四）錄製歹徒恐嚇電話之音檔，以供日後之聲紋比對。

（五）將歹徒所購買之王八卡均予以調閱通聯紀錄，做行動電話細胞位置及通話對象分析。

（六）對歹徒可能居住之細胞範圍內之處所，均需實施現場勘察，以過濾歹徒最有可能之藏匿處。過濾之原則為排除商店、行號等處所，而以公寓、套房、民宅為佳。再加上居住、租用者之前科清查，並對可疑者實施現場監控即能得知該處所是否為歹徒所匿之處。如此，在鎖定處所後再執行搜索，其他與歹徒有相關之人亦一併搜索。

（七）對於通聯紀錄之內容，需特別注意通話秒數為〇或四、五秒內之發、受話對象電話，雖做案之歹徒無時無刻留意其電話不得撥打予親友。然百密亦有一疏，拚命打不需付費之電話，即容易誤撥不該打之電話，此乃其致命因。對於狡詐型態之犯罪，依此尋線偵破者有十之三、四。

（八）車歸還時採取車內指紋。

（九）依通訊保障及監察法相關法條實施監聽。

（十）ATM提款時丟棄（紙筒）帳單「明細表」蒐集採指紋。

（十一）失竊現場附近監視器錄影帶調閱察看是否有與贓車同時離開車輛。

第五節　汽、機車走私案件偵查

一、犯罪組織方式

從下游的竊車到收贓者，囤積贓車之貨主、拖運之拖車司機，辦理出口廠商、報關行及國外接貨者等等形成一脈象承之共犯集團。走私犯罪組織方式如下：

（一）幕後金主：出資交由貨主收購贓車。

（二）貨主：

1. 聯絡特定報關行。
2. 聯絡竊車集團首腦。
3. 聯絡大陸方面負責人。

（三）特定報關行：

1. 向船務公司訂櫃（二十呎或四十呎）。
2. 聯絡拖車行。
3. 利用績優廠商，偽刻該公司大、小章，偽造出口報單。
4. 出口報單貨物品名填寫其他物品向海關申報出口。

（四）拖車行：

1. 向船務公司領櫃。
2. 將空櫃拖進裝櫃地點倉儲（庫）。
3. 載貨櫃至貨櫃場等候船期。

（五）竊車集團首腦：

1. 利用人頭承租倉庫。
2. 聯絡竊嫌作案。
3. 聯絡裝櫃工人（需有裝櫃技術，如圖6-1）。
4. 聯絡貨主確認贓車數量領取佣金。
5. 發放佣金給竊嫌、工人。

（六）倉儲（庫）位置：

1. 地處偏僻。
2. 貨櫃可進出。

圖6-1　汽車走私車輛裝櫃情況

3. 隱密性較高處所。

4. 空曠廠房。

（七）貨櫃場：貨櫃贓車夾混在正常出口櫃中等候船期出口。

（八）香港、新加坡或東南亞：以香港等當地公司轉運，貨自台灣出口後，由船務公司更改出口報單物品名，以方便買方提貨。

（九）大陸或東南亞貨主：負責大陸或東南亞方面銷贓工作（銷贓流程如圖6-2）。

二、偵查要領

（一）鎖定特定報關行調閱相關資料，瞭解報出關作業情形。

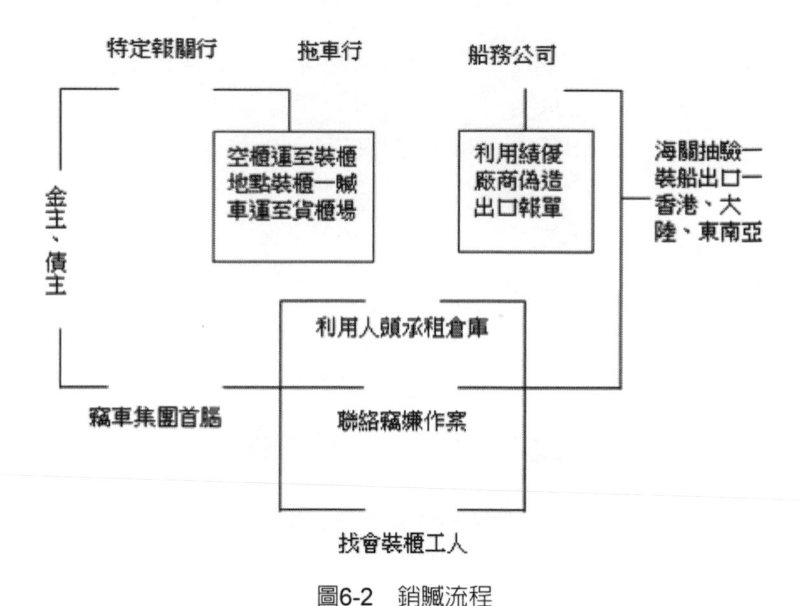

圖6-2　銷贓流程

（二）若系虛設行號委託不知情報關行報出關，則需調閱該行號地面電話或行動電話分析集團共犯結構。

（三）贓車採取指紋。

第七章

偵查勤務

第一節　跟監

一、徒步跟監要領

（一）尾隨跟監對象之距離，必須依交通量，能見度、明暗狀況等而有所不同。

（二）步行速度以與對象差不多步行之速度較為恰當，惟若完全與對象同一步調行進，不僅易被對象察覺，周圍之第三者看來亦不自然。

（三）對象有時為確認有無被跟監而突然停止前進，此時必須注意繼續前進，不可停止。同時必須保持原來步調超越對方，然後注意對方舉動，藉繫鞋帶或進入附近商家觀覽商品等自然動作，待對方再度走在前面，續行跟監，不須立即判斷對方是否已察覺。

（四）對象返身回走時，應注意將視線置於對方眼睛之外處，避免做正面之接觸及作出在意之動作。

（五）對象進入一般民宅或其他小型商店停留，則跟監人員應迅速利用附近之隱蔽物，進行埋伏。

（六）對象進入餐廳，跟監人員應隨同進入該處，點叫易做菜餚，先行付賬，目標離開，也應捨菜餚，繼續跟監。

（七）對象進入遊樂場所，跟監人員亦應隨同進入，若對象購票觀看電影諸類，設法在其購票時偷窺其座號，而購其後一排適當位置，以便監視。

（八）對象搭乘公共交通工具，跟監人員必須跟隨搭乘該車，此時跟監人員應注意下列事項：

注意不可讓對象察覺被跟蹤，且儘可能設法知悉對方欲前往之地點（例如：在對方購票時設法知悉其前往地點），若售票處人潮擁擠而無法獲知其前往地點時，如果終點站不遠，最好票購至終點站，以便隨時下車，若終點站甚遠，應購買至適當地方繼續跟監，其後再視情況而變更。注意不可比對象早上車，此乃因應對象因某些理由而未上車時。

上車以後避免直接注視對方，應坐於對象同側之後座，注意對象舉動或藉由玻璃窗上之影像加以監視。

下車時應與上車時相同，讓對方先行下車，因為對象故意下車，但於開車之際又再度上車之例子都有。

（九）對象在街角轉彎，跟監人員在面臨對象行近街角時，即應研判對象轉彎後可能有的行動，應加大步伐，設法接近，同時考量對象是否可能躲藏於街角慎重採取行動。而不要對象離開視線，即快跑至該地點探尋，此項舉動非常危險。因快跑非但顯示不自然，對象常故意躲藏於街角觀察。

（十）對象進入死巷時就必須有效利用地形、地物，例如：利用與對象之間存在之廣告物、電線桿等自然方法隱藏自己身體。

（十一）對象進入電梯時，當電梯內人多時可同步進入，然後視對象所按樓層提前一樓層或延長一樓層出電梯，繼續監控；若電梯內只對象一人，無法靠近時可守候在電梯附近，看所按樓層，然後計算時間研判對象進入該層樓目的，下樓時再續行跟監。

（十二）徒步跟監人員應防止被察覺，尤其注意下列不利情況：

1. 對象在行進間突然停止，轉身反顧，不時觀望，或反身往回頭走或突然跨越馬路檢查。
2. 搭乘大眾交通工具，僅乘坐一段即下車或騎乘汽機車故意繞行，試探執行人員有何行動。
3. 突然進入建築物，經由另一出口或後門溜走，誤導並抵制執行人員跟監。
4. 佯裝撿拾物品、繫鞋帶、打電話，或購買物品等方式，暗中觀察是否有人監視跟蹤。
5. 製造突發事故，陷跟監人員於不利。
6. 利用適當地點、行走方向及速度來檢查：
   （1）長而直僻靜的街道。
   （2）彎曲僻靜的街道。
   （3）縱橫交錯之狹窄巷道、叉巷。
7. 反交通方向行進。
8. 利用黃昏與夜間檢查。
9. 運用掩護人員檢查。

二、車輛跟監要領

（一）車輛跟監不論單車跟監、多車跟監或汽、機車交互跟監其主要原則即跟監動作要合情理、自然、有效。

（二）適時自然的調整跟監位置，並注意有無反跟監。

（三）對象之速度快慢不定時，跟監應避免受其影響，儘可能以同樣速度前進，萬一超越對方，則應用照後鏡監視，於適當時刻讓對方再度超前續行跟監，惟注意不可讓對象察覺跟監行動。

（四）一部跟監車輛已在對象主跟過一次或二次後，如果需再回到主跟時，可設法改變車內之人數，改變跟監人員外衣或帽子。

（五）交通流量較少時，太過接近易為對象察覺。因此應儘可能保持距離，必要時讓第三者之車輛介入亦可，但為區道路及彎道處儘可能縮短距離。

（六）在交通流量較多時，由於信號及行人穿越道，再加上機車猛鑽關係，跟監之進行易受到阻礙。此時應注意緊隨在對象之後，其他跟監車輛亦應保持密接，以備隨時能趕上支援接跟；另所有跟監車輛與對象車輛，最好在同一車道上，以便能做同時行進動作，避免因不同車道行進速度不同，而落於對象車輛後面或超前。

（七）如能預知對象可能前往路線，可採取分段式跟監。

（八）對象如果停車時，應根據停車車輛之狀況以及交通流量採取停車措施，對象下車時，跟監人員亦應下車跟監。

（九）對象車輛如果急速轉彎時，則主跟車照直前進，其他車輛自然的接上擔任主跟。

（十）在鄉間道路上，車輛稀少，雖然與對方保持相當距離仍極易被查覺。因此進行跟監之際，依照現場狀況保持不讓對方脫蹤視野外之距離進行跟監。

（十一）汽車被行竊時間大多在深夜，作案前一定會有同夥事先路段觀察（即所謂掃路），因此車輛偽裝至為重要，尤其雇用計程車加入跟監效果極佳。

（十二）不可在對象視線下，作出任何違反交通規則的動作。

（十三）跟監對象已明確知悉被跟蹤，跟監人員之跟監行動必須立即中止。

（十四）脫蹤時處置：

1. 對象前往之處所能斷定時，立刻趕往該處所進行埋伏。
2. 在脫蹤地點附近埋伏，等待對象再度出現。
3. 在對象之住所，經常前往之地點進行埋伏[1]。

（十五）車輛跟監人員應防止被察覺檢查，應注意下列不利情況：

1. 利用車中第二人反瞻觀察後面車輛情形。
2. 利用車輛快慢速度來檢查是否有車輛尾隨。
3. 利用僻靜空曠的道路來檢查有無跟監車輛。
4. 利用道路死角地區停車檢查是否有尾隨車輛。
5. 利用被跟監者所熟識建築物，將車開進地下停車場檢查是否有尾隨車輛。

---

1 何明洲，2017，犯罪偵查學，臺北：臺灣警察專科學校，頁166-172。

6. 利用繞巷道或行進三轉彎方式來檢查是否有車輛尾隨。
7. 抄跟監者車號檢查。

（十六）過度存疑狀況：檢查與脫哨係從事不法活動人員在執行犯行前所採取的一種安全作為，其目的在確保犯罪組織之安全及任務之達成。實施跟監中不必過度存疑。

1. 對象看車內後視鏡誤以為在注意跟監者。
2. 對象確因路況關係緊急剎車，誤以為在試探跟監者。
3. 對象車速緩慢打大哥大誤以為被發現在聯絡同夥。
4. 對象打方向燈並未照方向燈方向行駛，誤以為在試探跟監者。
5. 對象看跟監者一眼就誤以為被發現。

（十七）跟監中注意事項：

1. 不能離開監視視線範圍。
2. 不能過度緊張。
3. 不能過度存疑。
4. 不能在對象視線範圍內，作出任何違反交通規則的動作。
5. 發現情況不對不能硬跟，必要時放棄改日再跟。
6. 執行人員儘量避免與對象正面接觸，以免引起其注意或提高警覺。
7. 如被監視對象識破，應保持鎮靜，並防其反跟蹤。
8. 被發覺時必要時可表明身分，依法盤詰檢查或依法逮捕。
9. 執行人員應詳細記錄跟監所蒐集之不法活動資料。

第二節　查贓

一、概說

（一）意義

根據查贓資料，取得證物，並進一步發掘關連，擴大偵辦，使犯罪無所遁形，繩之於法，追回失物，充分發揮查贓功能，保障人民財產安全，犯罪所得之贓物，不問其為直接或間接得來，均為犯罪主要證據，必須認真追查。

（二）查贓之重要性

1.根據失竊狀況推定嫌犯：

有無失物對推定該案性質、犯罪目的或嫌犯是怎樣的人，是偵查工作上極重要之線索。

（1）犯罪目的：

例如殺人案件，其行兇是否以謀財為目的？抑或以愛情、憤恨或報復為目的等，常成為急切需要查明的問題。若經查明其目的，自當可研判正確之偵查方針，縮小涉案對象。此時有無贓物失竊，則成為重要判斷依據。然而有時所清查出之失物，中間有係故意偽裝者。又有雖無失物之情形，但卻以謀財為目的，乃因當時無暇下手偷竊機會，以致於在實際上並無失物的情形。一般而言，若有失物，則可以判斷係以謀財為目的。

（2）推定犯人：

有失物時，從贓物之種類可以大略推定嫌犯之範圍。由贓物之數量、重量、體積等可以推定嫌犯之人數、體型、力氣、搬運工具等，並以之研判正確之偵查方針。且由失物收藏場所之狀況，可以推定嫌犯知悉被害人內部情形之程度。

2.循贓緝犯：

先查明贓物之種類、特徵，同時循其流向，銷贓經過而實施通報、臨檢、盤查等勤務，以期發現持有者或收贓者。贓物不但是緝獲嫌犯的線索，且在證明犯罪與犯罪人關係上具有決定性之價值，且可以作為認定犯罪事實的證據。

3.提高破案效果，增進民眾信心：

偵辦案件除了釐清犯罪事實，將嫌犯繩之以法外，更重要的是將民眾失物找回，如此才能順應被害人期待，增進民眾對警察辦案之信心。

（三）查贓相關法令

1.當舖業法

第十五條　當舖業收當物品時，應查驗持當人之身分證件，並由持當人於當票副聯內捺指紋，始可收當。

前項所捺指紋，應為左手大拇指之三面清晰指紋，如殘缺左手大拇指時，應捺印左手或右手其他手指指紋，並註明所捺之手指指名。但無手指者，不在此限。

第十六條　當舖業不得收當下列物品：

一、違禁物。

二、有價證券及各種存款憑證。

三、機關印信及其他政府機關管理之財物。

四、軍警制服及其他附屬物品。

五、政府核發之證照及私人身分證明文件。

六、其他經政府明令禁止及管制買賣之物品。

當舖業於收當物品時發現前項第一款、第三款、第四款、第六款或其他非法持有之物品時，應通報當地警察機關。

第十七條　當舖業不得收當無行為能力人及限制行為能力人之質當物。但限制行為能力人經其法定代理人同意者，不在此限。

第二十二條　當舖業應備登記簿，登記持當人及收當物品等資料，每二星期以影印本二份送主管機關備查；收當物品於逾滿當期五日後，仍未贖取或順延質當者，應即填具流當物清冊，備主管機關查核，其流當物得拍賣或陳列出售。

第二十三條　當地警察機關對於當舖業得視需要予以查察。

第二十四條　當舖業收當物品時，如對持當人之身分或物品認有可疑時，除拒絕收當外，並應立即報告附近警察機關處理。

第二十五條　當舖業接到警察機關通報失物查尋資料後，應與收當品詳細核對，如發現有相似或可疑時，立即通知附近警察機關處理。

第二十六條　當舖業之負責人或其營業人員依本法規定收當之物品，經查明係贓物時，其物主得以質當金額贖回。

當舖業之負責人或其營業人員非依本法規定收當之物品，經查明係贓物時，應無償發還原物主；原物主已先贖回者，應將其贖回金額發還。

2.各市、縣（市）自治條例

目前除了高雄市政府2012年10月25日制定高雄市防制贓物自治條例條文，其他縣市均未再修正公布，不過若有公布，內容應大致相同。

【高雄市防制贓物自治條例條文】

第一條　為發揮警民合作，以防制贓物銷售，並預防犯罪，特制定本自治條例。

第二條　本自治條例之主管機關為本府警察局。

主管機關得將本自治條例所定之查察及查核權限委任所屬各分局執行。

第二條　本自治條例所稱應協力防制贓物銷售之營業，指實際從事下列行為之行業：

一、銀樓珠寶買賣或加工。

二、中古汽機車、自行車修配、保管或買賣。

三、其他物品受託寄售或舊貨物品買賣。

前項第二款所稱買賣，包括中古汽機車或自行車材料之買賣。

第三條　應協力防制贓物銷售之營業，應置備登記簿，記載下列事項，以備主管機關查核：

一、從事前條第一項第一款或第三款之營業者，於買賣、加工或受託寄售物品時，應登載出售人或寄售人姓名、住址、身分證統一編號、物品名稱及數量。

二、從事前條第一項第二款之營業者，應登載車籍、車主姓名、地址、身分證統一編號，及中古汽機車或自行車修配、保管或買賣之項目。

第五條　主管機關為防制贓物銷售之必要（如圖7-1、7-2），得派員查察應協力防制贓物銷售之營業場所，並得查核登記簿及買賣、加工、修配、保管或寄售等相關資料。

第六條　違反第四條規定者，處負責人新臺幣五千元以上二萬元以下罰鍰，並通知限期改善；屆期未完成改善者，

圖7-1（左）　修配業非法解體零件
圖7-2（右）　汽車被竊是發動器插線開走

得按次處罰。

第七條　應協力防制贓物銷售之營業拒絕、規避或妨礙主管機關依第五條之查察或查核者，處負責人新臺幣五千元以上二萬元以下罰鍰。

第八條　本自治條例自公布日施行。

二、易銷贓場所

易銷贓場所指下列各業之營業處所：

（一）當舖業：指依當舖業法申請許可，專已經營質當為業之公司或商號、公營質當處，含營業場所及儲藏質當物之庫房，以汽、機車為質當物者，並含停車場。

（二）銀樓珠寶業：指收買、販售（含加工）金飾珠寶物品之營利事業或加工處所。

（三）委託寄售業：指接受不特定人委託寄售物品之營利事業。

（四）舊貨業：指收買、販售舊貨物品之營利事業。

（五）汽車修配業：指維修、裝配汽車之營利事業。

（六）機車修配業：指維修、裝配機車之營利事業。

（七）汽車保管業：指保管汽車之營利事業。

（八）機車保管業：指保管機車之營利事業。

（九）中古汽車（含材料）買賣業：指買賣中古汽車或零件之營利事業。

（十）中古機車（含材料）買賣業：指買賣中古機車或零件之營利事業。

三、查贓方法

（一）查贓作為

1. 對易銷贓場所之臨檢、查察，除法律另有規定外，應依「警察實施臨檢作業規定」辦理。
2. 對轄內已發生或依客觀、合理判斷易發生收受、寄藏、牙保贓物之易銷贓場所，應妥為規劃勤務，實施查贓作為，審慎執行臨檢、查察，並應遵守比例原則，不得逾越必要程度。
3. 警察局、分局、分駐（派出）所每月應妥適規劃二次以上查贓勤務，配合地區探巡、刑責區（警勤區）查察或巡邏等勤務之運作，隨時布線，蒐集相關贓物刑案資料。前項勤務之規劃執行以組合警力為原則。
4. 執行查贓勤務應備器具、資料：
   （1）照相、攝錄影器材。
   （2）易銷贓場所調查表。
   （3）失（贓）物查尋專刊或通報單。
   （4）查贓簽證表、臨檢紀錄表、臨檢紀錄單。
   （5）搜索（扣押）筆錄、扣押物品收據（無應扣押之物證明書）、扣押物品目錄表、失贓物認領收據（保管單）。

（二）發生失竊時

贓物偵查在發生失竊時，應即確認失物並查明其特徵，是為重要之工作。在實施通報、查贓工作時，若失物特徵不詳，贓物偵查工作則很難以進行。故確認失物及掌握其特徵，乃是贓物偵查的基本原則。

1. 確認失物：應向被害人詢明該物收藏狀態及知悉失物者為誰？且應向發現失竊者詢明。
2. 失竊當時之狀態。
3. 掌握失物特徵：應向被害人或所有人詢問可以與其他同種東西識別的地方（如手錶、相機序號）。但因被害人往往不曉得失物之特徵，或即使曉得，亦很難以口頭說明。有時亦不能完全瞭解，因此，偵查員應以下列方法，去掌握失物之特徵：
   （1）如係衣服款式或裝身具之形狀，應調閱被害人穿戴時之相片。
   （2）如係手錶、照相機、電器類，應提示樣品型錄，使其指認同型者。又可提示類似物品，以使其說明不同之處。
   （3）如係珠寶、裝飾品，應命被害人以繪圖描寫說明。並詢明製造、出售、修理廠商，再從該處查明特徵。
   （4）照相機、電器類、鐘錶、裝飾品、成衣等，若有外裝箱則應據此以查明出品廠是那家？其特徵是什麼？
4. 通報：
   （1）贓物輸入電腦協尋：失物一經確認，應即輸入電腦供其他警察機關協尋。
   （2）製作失物查尋專刊：明確標明其名稱、款式、品種、特徵、或附上相片通報其他警察機關或當舖業協尋。

（三）當舖檢查

1. 當舖業不得收當下列物品：

（1）違禁物。

（2）有價證券及各種存款憑證。

（3）機關印信及其他政府機關管理之財物。

（4）軍警制服及其他附屬物品。

（5）政府核發之證及私人身分證明文件。

2. 檢查要領：

（1）登記簿查對：

A.質當物品及特徵有無確實登記，是否為失、贓物。

B.是否有與身分不當之質當品。

C.是否有多次持當。

D.持當者是否有不良前科，身分是否確實。

E.是否經常持當同種類之物品。

F.失竊時間與持當時間關係。

G.持當者之住居所、工作地點是否遠離持當場所。

H.是否皆記載於登記簿上。

（2）質當品查對：

A.質當品是否有過多。

B.是否一次有持當大量物品或者全新物品。

C.質當品是否為拼裝或改裝之贓物。

D.質當品應有附屬品而無者。

E.質當品價格持當過份偏低。

F. 追查流當品處置及流向。

（3）對當舖業者詢問：

A.異常質當物品來源如何。

B.是否有人拿與其身分不相當之質當品。

C.是否有人事先以電話打探價格。

D.是否有人不知情況下購入價格。

E.是否有人不論持當價格多少皆可。

F. 是否有人詢問店外同夥價格或受人委託持當。

G.是否有人形色匆匆將貴重物品草率持當。

H.是否有人對所持當物品價值不瞭解。

（四）銀樓珠寶業

1. 查核黃金條塊進貨、銷貨憑證及珠寶、首飾物品收購、銷售相關資料。
2. 查察有無陳列、展售或暗中收藏失（贓）物查尋專刊登列之金飾珠寶物品或其他失、贓物。
3. 審視有無失、贓物金飾熔解、翻造，湮滅失、贓物情事。
4. 調查可疑金飾珠寶物品出售人或請求代工者之身分、來源。
5. 查察有無其他不法情事（如兌換外幣、私自通匯等）。

（五）委託寄售業

1. 查對委售物品登記簿。
2. 查對有無陳列、販售、收藏失（贓）物查尋專刊登列之物品或其他失、贓物。

3. 查察有無委售走私物品、違禁物品。
4. 查察委售物品流向及購買人身分、次數、數量、用途等有無異常情事。
5. 調查可疑委售物品委售人之身分、來源。

（六）舊貨業

1. 查對收購舊貨物品登記簿。
2. 查對有無失（贓）物查尋專刊登列之物品或其他失、贓物。
3. 查察有無混充、夾雜贓車、贓物、走私物品、違禁品。
4. 查察有無贓車解體之零組配件並追查來源。
5. 調查可疑下盤舊貨收購者之身分、舊貨來源（如電線、電纜）。
6. 查察購買人身分、次數、數量、用途等有無異常情事及舊貨之處置、流向。

（七）汽、機車修配、保管業及中古汽、機車買賣業

1. 查對汽車修理、收購、保管登記簿、契約書或電腦檔資料。
2. 查對全毀、半毀車輛維修與交通事故（TB）檔及保險肇事理賠資料（含相片）。
3. 檢視引擎、車身號碼是否偽造、變造等異常情事。
4. 檢視是否無故、不依序或破壞性之異常拆卸，從事贓車解體之情事。
5. 追查來路不明零組配件之來源。

6. 查詢維修工作人員身分、前科、通緝資料。
7. 查對車籍資料，含行車執照、買賣契約書（讓渡書）、原始證件。
8. 車籍證件辨識：

   國產車有統一發票、出廠證、新車新領牌照登記書（註明是車主聯）、行車執照等證件，如過戶車須有新、舊車主名稱資料。【近兩年內車主聯遺失補發之車主聯監理單位都以電腦紙印製】。

   進口車有統一發票、進口完（免）稅證明書、出廠證、新車新領牌照登記書（註明是車主聯）、行車執照等證件，如過戶車須有新、舊車主名稱資料。

（八）可疑贓車引擎、車身（如圖7-3）、牌照、條碼及其他配件之辨識及追蹤方法：

1. 引擎號碼常見打造於左側、右側、內側、前端，查察有無磨損、重製、切割填補痕跡，有號碼之引擎外殼部分有無整片更換。
2. 車身號碼常見打造位置：引擎室之左右兩側、前側水箱上方、內側擋風玻璃前防火板，避震器固定架上、底盤等處，查察有無磨損、重製、更換、切割填補、生銹痕跡，車身噴漆、烤漆色澤深淺是否一致性。
3. 車牌壓鑄號碼、字跡有無圓滑、一致性，字體是否相同，牌面烤漆色澤、表面光滑度，有無補漆、重漆、焊接、搥打之痕跡。
4. 車內各隱密處防竊辨識碼（如安全氣囊、保險桿、置物

圖7-3　賓士車車身號碼另行打造

箱、車門內側、玻璃、門柱兩側、防火牆等）之條碼粘貼位置（汽車96年10月起、機車96年1月起，汽車零組件辨識碼15碼、機車9碼，同時汽車變速箱、行車電腦及隨車音響須提供其內建之序號或編碼以供查詢）有無脫落、撕裂痕跡，各條碼資料是否一致，與車籍資料是否相符。

電鎖、門鎖有無破壞、撬解痕跡，鎖頭線路有無異常剪接、換新情況，鎖匙是否重配情事。

5. 調查保險業者有關車輛失竊、意外理賠後所取回贓車、事故車輛之處置、流向。
6. 協調、配合相關之保全、銀行、保險業者，利用全球衛星定位系統追蹤贓車下落。
7. 贓車不易被發覺因素：

（1）引擎或車身號碼、條碼被磨損或刮掉後還原困難，查證不易，需由專業人員如原車商製造廠鑑定，由於目前沒有法令約制，各廠商亦由於本身制度關係，配合程度不一。

（2）車商生產製造防竊密碼不全，常遭竊賊破壞，循線找回原車籍資料困難。

（3）對於中古汽車材料行、零件來源均無法考據常有贓車零件回流管制追查不易。

（4）車輛監理單位，對檢視車輛工作繁重，僅以目視為之，難以辨識車輛是否有被改（變）造。

（5）車輛定期檢驗，民間代檢日益增多，由於缺乏對贓車認識，欲從檢驗中發覺有其困難度。

（6）A、B車、偽造車牌集團，將車牌套用於同型、色、種之贓車於他地使用，及一車牌車輛同時出現南、北兩地情形，原主在不知情下，往往接獲違規告發單始知車牌被偽造冒用。

（7）員警對贓車辨識缺乏專業知識，如對車輛種類、年份不熟悉，僅能檢視行照核對車輛號牌、顏色、廠牌、CC數等，使贓車駕駛者有恃無恐。

（8）員警查獲可疑車輛時，未能追根究底，確實了解來源或及時採證如指紋、電解等使原車重現。

（9）海關人員工作繁重加上快速通關作業規定，抽檢出口貨櫃率低（約4%），且在欠缺情資下，查緝非法不易，使不法業者有機會矇混過關。

8. 運用資訊傳播查贓：

A、B車查法：

（1）A、B車乃歹徒偽造A車車籍資料及身分證件，然後利用竊來之同款車輛變造與A車相同之引擎號碼或車身號碼，並至監理單位辦理過戶易動，即成為合法之B車。

（2）查訪何種車輛行銷最好，即最易成為A、B車對象。

（3）運用資訊傳播，將需要之條件（如廠牌、年份、CC數），傳播至警政署資訊室，再由警政署資訊室所提供之資訊，過濾揭取曾經異動二次以上之車輛，查訪第一任車主（或原車主）是否有辦理過戶異動，若有正常異動過戶則為合法，反之未有過戶異動，但實際上於監理單位有異動過戶，即是偽造B車，可逕自扣車查處。

（4）一般而言，有關A、B車第一次異動後之車主大都為【人頭】，而第二次異動後之車主大都為【善意】之第三者（少數為知悉內情之貪小便宜者）。

（5）運用車輛出廠之引擎號碼反查竊車集團及贓車：
查訪何種車輛行銷最好，即最易成為歹徒偽造原始出廠證明之車輛。以日產霹靂馬二千CC為例，先行文日產汽車股份有限公司，查詢該公司生產之霹靂馬二千CC車輛，目前引擎號碼生產自〇〇號，假設引擎號碼是30001號起至50000號，則運用資訊傳播，將需要之條件（如廠牌、年份、CC數、引擎號碼自00001號至30000號及50001號以上之號碼）傳播至警政署資訊室，再由警政署資訊室所傳播回來之車籍資料，即可找出偽造原出廠證件後，再竊取同款車變造引擎號碼向監理單位領取新牌照之贓車。

9. 辨識車輛：

本國生產製造車輛廠商，於出廠時經過經濟部能源委員會及環保署等單位檢驗合格後，將生產順序編號（車身號碼、引擎號碼）彙整齊全輸入電腦。然後與監理單位負責新領牌照窗口連線，使生產車輛數與牌照數相符，可防止竊取車輛，更改車身、引擎號碼，避免偽造證件之幽靈車無中生有冒領牌照之情事，降低汽車失竊率。因此國產車不需檢驗車輛，只審驗車籍證件（出廠證、發票）即可。進口車輛則需檢驗車輛，環保署、經濟部能源委員會都需檢驗合格並審驗車籍證件、出廠證、進口證明書、發票等合格後才發照。而偵辦汽車竊盜案初步辨識就是引擎及車身號碼，然各種車種引擎及車身號碼位置均不相同[2]，自中華民國2007年10月1日起，新登檢領照之小客車、小客貨兩用車及小貨車之製造廠、代理商或進口商，應於下列特定零組件加設防竊辨識碼（如圖7-4）：

（1）大樑、底鈑或防火牆。

（2）引擎蓋。

（3）引擎本體。

---

[2] 小客車小客貨兩用車小貨車及大型重型機器腳踏車特定零組件加設防竊辨識碼作業規定。

（4）行李箱蓋或尾門。

（5）右前葉子板。

（6）右後葉子板。

（7）左前葉子板。

（8）左後葉子板。

（9）左前門。

（10）右前門。

（11）左後門。

（12）右後門。

（13）變速箱。

（14）行車電腦。

（15）隨車音響。

圖7-4　汽車辨識碼

小客車、小客貨兩用車及小貨車未具備前項各款規定零組件者，免於該零組件加設防竊辨識碼。小貨車以底盤型式出廠者，免加設防竊辨識碼。因此必須去瞭解，在國產車引擎號碼最常打造位置，引擎之左側、右側、內側、前側，係以在駕駛座面對方向為準，車身號碼最常打造位置，引擎室之左側、右側、引擎室內側擋風玻璃前防火牆上、引擎室前側水箱上方、避震器固定架上；另國產車近年來已漸漸在增設電腦條碼烙印或黏貼，例如中華汽車出廠時就將六塊玻璃烙印電腦號碼條。進口車車身號碼最常打造位置有前擋風玻璃內側、駕駛座下方、前座下方，安全帶；而美規車輛都會在車身可拆解零件，引擎蓋、車門（如圖7-5）、後行理箱蓋、前後保險桿、儀表板內、乘客座椅內側上，則有車身電腦號碼條都可辨識。

新登檢領照之普通重型及輕型機器腳踏車，自中華民國96年1月1日起，應於下列特定零組件加設防竊辨識碼[3]：

（1）里程錶外殼。

（2）車頭面版外殼。

（3）車頭內箱。

（4）腳踏底板。

（5）坐墊內面。

（6）置物箱內面。

（7）置物箱左車殼。

---

[3] 普通重型及輕型機器腳踏車特定零組件加設防竊辨識碼作業規定。

圖7-5　解體後贓車零件

（8）置物箱右車殼。

（9）後車輪蓋。

新登檢領照之普通重型及輕型機器腳踏車，未具備前項各款規定零組件者，免於該零組件加設防竊辨識碼；加設防竊辨識碼確有困難並經內政部核准者，得免加設之。

10. 贓車外觀上較易表露特徵：贓車外觀上較易表露特徵：贓車外觀上較易表露特徵：

　（1）引擎號碼處異常生銹。

　（2）車身號碼牌噴漆新舊不一。

　（3）鉚釘重釘、釘帽粗糙不平。

　（4）車身電腦紙條被撕毀。

　（5）車牌背面是否有焊接痕跡。

（6）車身是否留有贓車原來底漆顏色。

11. 無可辨識的地方可用下列方式再找出原車主：

（1）電腦主機板解讀。

（2）安全氣囊及控制安全氣囊電腦條碼（有些車輛無法辨識）。

（3）贓車內遺留修車廠名片或修車廠貼紙廣告或代理商貼紙廣告。

（4）原車主遺留發票、名片或可辨識東西。

（5）香火包：國人喜歡購車時車內擺放寺廟乞求香火包保平安，一般習性香火包大多是當地廟乞求，因此可據以研判車主可能居住在該廟附近，然後透過汽車經銷處電腦尋找該廟附近何人有購同廠牌車輛，近期內有無失竊紀錄，再從失竊紀錄通知車主到場指認。

12. 監理單位輸入車籍資料錯誤之判讀：

（1）國產汽機車之引擎號碼輸入時增加或減少12個數字或英文字母。

（2）國產汽機車之引擎號碼輸入數字或英文字母位置相反。

（3）國產汽車引擎號碼與車身號碼位置輸入錯誤。

（4）國產汽機車引擎號碼輸入英文字母或數字錯誤。

（5）國產汽機車引擎號碼輸入時，多一個空白鍵存入。

（6）進口汽車輸入車身牌號碼時，增加、減少，或是輸入錯誤英文字母或數字。

(7) 進口汽車輸入車身牌號碼時，部分英文字母或數字輸入位置相反。

(8) 進口汽車輸入車身牌號碼時，輸入過程中多一個空白鍵存入。

(九) 執行查贓勤務應注意事項

1. 應先向營業負責人出示刑警證或警察人員服務證表明來意，務須講求禮貌，注意言詞，爭取對方合作。
2. 執行員警在查贓工作進行過程中，應遵守法定程序，以免發生無謂糾紛。執行時應注意本身安全外，並儘量避免造成財物損失、干擾正當營業及生活作息。
3. 追查贓物要認真澈底並先明瞭贓物特徵，防止湮滅，毀損或藏匿。發現贓物時或依客觀、合理判斷顯可疑為贓車、贓物時應立即著手調查。
4. 發現可疑贓物有湮滅、藏匿之虞，需搜索、扣押時，應依「刑事訴訟法」及「警察偵查犯罪手冊」之有關規定辦理。
5. 追查贓物以犯罪嫌疑人或關係人所指陳或依客觀、合理判斷顯可疑之失、贓物範圍內行之。
6. 查贓完竣，應請業者於臨檢表簽證，並將執行經過記錄於勤務簿，以免日後遭致無謂困擾。

(十) 贓物發現後之處置

1. 遇有大批贓物，研判有被隱滅可能，有執行搜索扣押必要時，需依刑事訴訟法有關規定辦理。

2. 贓物均應隨案移送檢察官處理，如係笨重不便搬運而交適當人員保管者應將保管單隨案移送，又為減輕被害人損失，得視情節報請檢察官核可，將贓物先行發交被害人保管，惟應注意下列：

（1）須有被害人之申請。

（2）須經查明確係被害人所有。

（3）須無他人主張權利者。

（4）發交之前，先由申請人（被害人）說明贓物之品名、規格、特徵等認為相符後始予指認領回保管。

（5）申請發還贓物應由被害人填具贓物認領保管單，詳記贓物品名、規格、數量、特徵等一式兩份，由經辦人在副本上簽報機關主管（官）批准後始得發還，贓物發還後，將保管單正本隨案附送檢察官副本存卷備查。

（6）貴重贓物之發還，應照相存證。

扣押之贓物如應受發還人所在不明，或因其他事故不能發還時，依刑事訴訟法第四百七十五條規定報請檢察官處理。

（十一）查抄機車贓車要領

1. 鑰匙孔有被銳器挖過。
2. 停車格停放不整齊。
3. 十字路口附近機車。
4. 灰塵較多（看似停放多日）。
5. 專收廢機車集中場。

6. 縣、市分局交界處的巷弄或偏僻處。

（十二）查抄汽車贓車要領

1. 大型汽車收費保管場。
2. 收廢汽車集中場。
3. 較隱密狹窄道路、巷道（老舊車輛）。
4. 灰塵較多（看似停放多日）。

【挖土機竊盜案偵查實例】

一、案情摘要

以王○○為首挖土機竊盜集團，做遍中、南部地區。刑事警察局經月餘跟監、埋伏及守候，於92年2月13日在台中市緝獲因竊取挖土機案通緝中王嫌。經王嫌帶領至以低價賣給重型機械場之收贓場所，共起出失竊挖土機十四台。

二、偵辦經過及要領

（一）調閱國內各市、縣（市）發生挖土機失竊案資料加以分析，研判歹徒大都利用挖土機無車籍資料可比對，且失主因機械笨重移動不便，致下工後夜間均停放於無人或不易看管之施工處所，導致歹徒肆無忌憚雇請托板車載走挖土機之案件居多。

（二）主動聯繫挖土機失主了解相關被害過程。

（三）結合刑案紀錄資訊系統資料及刑案知識庫資料比對分析。

（四）匯整以挖土機為下手目標之慣竊集團，根據犯案模式（手法、方式、習慣），整理出涉嫌重大之王○明為對象。

（五）調閱王○明手機分析逮捕之。

（六）由於挖土機、推高機、無牌照且均停放工地失竊居多，失主找出不易，本案除了根據王嫌供述行竊地點查訪找出失主外，若已經轉手無法確認行竊地點，可由挖土機工會協助或由資訊傳播作業系統查詢，調出可能失竊時間，核對找出失主指認。

第八章

偵訊筆錄

偵訊乃為查明刑事案件真相最直接之手段，案件如能獲得嫌犯的配合說明，事實真相必能迅速重現，但在一般刑案的偵訊中，嫌犯通常不願配合，尤其係竊盜慣犯，其犯罪手段及方法，贓物的處理都非常擅長，被捕後的辯解，亦十分高明，總是避重就輕，因此如何突破嫌犯心防，取得正確的供詞，擴大偵破，有賴偵訊人員的智慧與技巧。

第一節　偵訊要領

一、偵訊的目的

偵訊的目的有二，一在給予行使防禦權之機會，便其辨明犯罪嫌疑，陳述有利之事實，並提出相當之證據；一為調查證據之手段，查明其犯罪事實，以期足以認定犯罪之證據[1]。

---

[1] 參閱高金桂著「臺灣地區竊盜犯罪之分析及偵防措施之研究」頁146。

二、偵訊的程序

（一）法律的規定

詢問被告，應全程連續錄音；必要時並應全程連續錄影。但有急迫情況且經記明筆錄者不在此限（刑事訴訟法第一百條之一）。司法警察官或司法警察除1.經受詢問人明示同意者2.於夜間經拘提或逮捕到場而查驗其人有無錯誤者3.經檢察官或法官許可者4.有急迫之情形者等，不得於夜間詢問犯罪嫌疑人（刑事訴訟法第一百條之三）。

（二）權利的告知

詢問被告應告知左列事項：

1. 犯罪嫌疑及所犯罪名。罪名經告知後，認為應變更者，應再告知。
2. 得保持緘默，無須違背自已之意思而為陳述。
3. 得選任辯護人。如為低收入戶、中低收入戶、原住民或其他依法令得請求法律扶助者，得請求之。
4. 得請求調查有利之證據（刑事訴訟法第九十五條）。

   上述權利的告知，應於偵訊筆錄中，明確記載。

   於詢問受逮捕、拘禁之人時（並非僅在製作筆錄時），即應踐行告知第九十五條第二款、第三款之規定。

（三）真實身分關係的查核

詢問被告，應先詢問其姓名、年齡、籍貫、職業、住居所，以查驗其人有無錯誤，如係錯誤，應即釋放。

查驗嫌犯身分是否相符，一方面為了防止誤捕誤訊，一方面也是防止慣竊冒用他人身分犯罪或冒名頂替的情事發生。

（四）涉案事實關係的調查

詢問被告，應與以辯明犯罪嫌疑之機會；如有辯明，應就其始末連續陳述；其陳述有利之事實者，應命其提出證明之方法（刑事訴訟法第九十六條）。

嫌犯有多人時，應分別詢問之，其未經詢問者不得在場，但為發現真實，得命其對質（刑事訴訟法第九十七條）。

被告對於犯罪之自白及其他不利之陳述，並其所陳述有利之事實與指出證明之方法，應於筆錄內記載明確（刑事訴訟法第一百條）。

（五）獲案證據的查證

證物應示被告，令其辨認，如係文書而被告不解其意義者，應告以要旨（刑事訴訟法第一百六十四條）。

被告之自白，非出於強暴、脅迫利誘詐欺違法羈押或其他不正之方法且與事實相符者，得為證據（刑事訴訟法第一百五十六條）。

（六）犯後的態度

科刑時應審酌一切情狀，並注意犯罪之動機、目的、手段、犯罪時所受之刺激、犯人之生活狀況、犯人之品性、犯人之智識程度、犯罪所生之危險或損害、犯罪後之態度，為科刑輕重之標準（刑法第五十七條）。

三、偵訊要點

（一）第三百二十條（普通竊盜罪及竊佔罪）

意圖為自己或第三人不法之所有而竊取他人之動產者，為竊盜罪，處五年以下有期徒刑、拘役或五百元以下罰金。

意圖為自己或第三人不法之利益，而竊佔他人之不動產者，依前項之規定處斷。

前二項之未遂犯罰之。

（二）第三百二十一條（加重竊盜罪）

犯竊盜罪而有左列情形之一者，處六月以上五年以下有期徒刑，得併科新臺幣十萬元以下罰金：

一、侵入住宅或有人居住之建築物、船艦、或隱匿其內而犯之者。

二、毀越門扇、牆垣或其他安全設備而犯之者。

三、攜帶兇器而犯之者。

四、結夥三人以上而犯之者。

五、乘火災、水災或其他災害之際而犯之者。

六、在車站、埠頭、航空站或其他水、陸、空公眾運輸之舟、車、航空機內而犯之者。

前項之未遂犯罰之。

（三）竊案被害人之詢問

偵查竊盜案件被害人，依下列各點，詳細詢問，以確定被害事實，獲得更多嫌犯之情資[2]：

1. 被偷何物：失竊財物之種類、品質、數量、價值、特徵等何時被偷？至何時仍在？是否為特別日期？失物放在何處？以什麼狀態收存？
2. 有無加鎖。
3. 是否放在一般人皆可能知道的地方？有誰熟悉該地方？被偷當時之家人狀態？
4. 係外出中，就寢或工作中？
5. 有無訪客？
6. 有無目睹犯人？目睹時其相貌、特徵、服裝、攜帶物等？案發前，有無可疑聲音或形跡可疑的人徘徊等情形？有無犯人之遺留物、痕跡？其他嫌犯犯行狀況所知事項？

（四）竊盜犯、贓物犯之初訊，應就下列各點，詳為調查[3]：

1. 竊盜犯、贓物犯之素行、教育程度與家庭狀況。
2. 行竊時間、地點、方法及其所竊物品種類數量。
3. 行竊侵入手段、途徑、破壞工具
4. 犯罪原因。

---

[2] 參閱陳宗廷著「犯罪偵查學」，頁216-217。

[3] 參閱高金桂著「臺灣地區竊盜犯罪之分析及偵防措施之研究」頁147

5. 是否為累犯、習慣犯。
6. 有無共犯及其銷贓之情形。
7. 少年竊盜犯是否有幕後教唆、幫助、利用之人。
8. 贓物犯對贓物之認識情形。

第二節　筆錄製作與範例

一、偵訊筆錄注意事項

（一）慣竊累犯多願供認一些小案件，而隱瞞其他大案件，故在偵詢時不宜以此自喜，而忽略繼續追查的工作。

（二）注意竊犯之別號及綽號，尋明其出身經歷生活家庭環境負擔情形工作及職業，以探明構成犯罪原因。

（三）注意證據之確實，供詞與事實之聯繫，主共犯供詞之吻合，供述與現場情境之相符，防止翻供。

（四）追索贓證，核對事實，以期偵詢之正確。

（五）詢問要有耐心，不要期望一次即可獲得正確而完整之供述，多次詢問應按序製作筆錄，找出前後所述矛盾之處，追根究底，從中突破，求得真實之供述。

（六）受詢問人如拒絕回答或在筆錄上簽名，蓋章或捺指印，不得強制為之；但應將其拒絕原因或理由記載於筆錄末行，仍可發生筆錄之效力。

（七）刑事訴訟法第二百五十六條第一項前條之規定「告訴人接受不起訴或緩起訴處分書後，得於七日內以書狀敘述不服之理由，經原檢察官向直接上級法院檢察署檢察長或檢察總長聲請再議」，故受理告訴案件，縱係非告訴乃論，例如竊盜、搶奪、強盜等案件，仍應詢明被害人是否告訴記明筆錄，以免影響告訴人聲請再議之權利。

二、偵訊筆錄製作範例

（一）竊盜案件被害人筆錄

問：右述年籍資料是否正確？家庭狀況？職業？教育程度？聯絡電話？

答：

問：你今天〇〇時因何事到派出所來？

答：

問：你於何時？何地被竊？

答：

問：被竊物品原放置何處？如何收存？有無上鎖？現場保持情形如何？

答：

問：竊嫌用何種方法竊取？現場有無遺痕跡？有無移動？

答：

問：你家中安全設備（門窗）有無遭破壞？如何破壞？

答：

問：你何時發現被竊？被竊時是否有人在家（場）？

答：

問：有目睹竊犯或發現可疑人、事？

答：

問：你以上所講是否實在？有無補充意見？是否提出告訴？

（無論是否為告訴乃論之罪，都訊（詢）問被害人或有權告訴之人是否提出告訴？並告知此攸關再議權）

答：

右筆錄經被詢問人親自閱覽，無訛後，始簽名捺指紋。

被詢問人：○○○（指紋）

詢問人：○○○

記錄人：○○○

（二）竊盜嫌犯偵訊筆錄範例

問：你因涉嫌竊盜罪，於受詢問時，得行使下列權利：

1. 得保持緘默，無須違背自己之意思而為陳述。
2. 得選任辯護人。如為低收入戶、中低收入戶、原住民或其他依法令得請求法律扶助者，得請求之。
3. 得請求調查有利之證據。

受詢問人：（簽名捺印）

答：

問：上記年籍資料是否正確？教育程度？婚姻家庭狀況？有無前科？目前從事何業？

答：

問：警方於拘捕你時有無告知「得保持緘默，無須違背自己之意思而為陳述」及「得選任辯護人」等二項權利？

答：

問：警方所告知涉嫌之罪名及得行使之權利是否知道？是否請辯護律師到場？

答：

問：你因何案於何時？何地被警方查獲到案？

答：

問：你一共犯多少件竊案？分別於何時？何地行竊那些財物？

答：

問：你於上記時地犯案，係以何種方式、途徑侵入行竊？有無破壞安全設備？使用何種工具？有無其他共犯？

答：

問：如何選定作案對象（目標）？由何人選定？如何計畫分工？（有共犯時）

答：

問：你行竊所得之財物，如何處置？有無受人教唆行竊？

答：

問：除了上記所供述之案件，是否另涉有其他刑案？

答：

問：行竊他人財物的動機何在？

答：

問：以上所說是否事實？有無其他補充意見？

答：

上開筆錄經受詢問人親閱無訛後始簽名捺印。

受詢問人：○○○捺印

詢問人：○○○

記錄人：

（三）汽車竊盜嫌犯部分：

你涉嫌犯涉嫌汽車竊盜、偽造文書案罪，於受詢問時，得行使下列權利：

1. 得保持緘默，無須違背自己之意思而為陳述。
2. 得選任辯護人。如為低收入戶、中低收入戶、原住民或其他依法令得請求法律扶助者，得請求之。
3. 得請求調查有利之證據。

受詢問人：（簽名捺印）

問：上記年籍資料是否正確？

答：是我本人。

問：現為○○年○月○日○時○分（夜間）是否願意接受訊問製作筆錄？

答：（簽名捺印）

問：警方於拘捕你時有無告知「得保持緘默，無須違背自己之意思而為陳述」及「得選任辯護人」等二項權利？

答：

問：警方所告知涉嫌之罪名及得行使之權利是否知道？是否請辯護律師到場？

答：知道，但不需要選任辯護人在場。

問：你現任何職？有無前科？

答：

問：警方於○○年○月○日○時○分在○縣○市○路○號所查扣牌照AB—○○○○號是何人所有？

答：

問：車輛是何種廠牌？年份？顏色？汽缸？車型？

答：

問：引擎號碼？車身號碼？

答：

問：警方會同你當場查驗該車，發現該車引擎號碼○○○○○○○○○○○○係變造；車身號碼○○○○○○○○○○○○○係切割（或磨損重新打造）接合、套裝頂替，是何人所為？

答：

問：贓車在何時地竊得？

答：

問：所竊得之車輛牌照幾號？何種廠牌？顏色？

答：

問：如何行竊？有無共犯？

答：

問：以何工具下手行竊？

答：

問：為何行竊牌照BA—○○○○號車輛？作何用途？

答：

問：行竊牌照BA—○○○○號車後，如何套裝頂替？

答：

問：在何處套裝變造？字釘放置何處？

答：

問：是否警方在○○工廠搜索查扣之○支打字釘模？有無共犯？

答：

問：是否願意拋棄警方查扣牌照AB—○○○○號車輛之所有權？

答：

問：是否有對你有利之證據需警方調查？

答：

問：以上所說是否實在？是否有補充意見？

答：實在，無補充意見。

上開筆錄於　年　月　日　時　分訊問完畢並經受詢問人親閱無訛後始簽名捺印。

受詢問人：

詢問人：

記錄人：

（四）事故車借屍還魂案訊問善意第三者之筆錄

問：據警方查證你所購買之牌照○○○－○○○號車係以被害人○○○所失竊之牌照○○○－○○○號車頂併的，請問你是否願意將車交還被害人？

1. 放棄所有權之答法

答：我願意將車子交由被害人領回保管，另我再向購買之車商要求索賠金額，惟要求請警方將車籍註銷，免得牌照稅等繼續寄交給我。

2. 主張所有權之答法：

答：我購買之車子是向合法之車商購買的，並且經過監理單位合法過戶，因此我主張擁有此車之所有權。

（五）事故車借屍還魂案詢問被害人筆錄（摘要）

問：警方所查獲之牌照○○○－○○○號車，係以你失竊車之車身與該車之引擎併裝而成（車身為你所有，引擎為牌照○○○－○○○號所有），請問你如何處理？

答：我希望將車身領回，引擎退還現持有人。

答：我願將車身售賣給現持有人。

答：我希望現持有人將引擎連同牌照車籍售賣給我。

（六）機車竊盜嫌犯部分：

你涉嫌犯機車竊盜案罪，於受詢問時，得行使下列權利：

1. 得保持緘默，無須違背自己之意思而為陳述。
2. 得選任辯護人。如為低收入戶、中低收入戶、原住民或其他依法令得請求法律扶助者，得請求之。
3. 得請求調查有利之證據。

受詢問人：（簽名捺印）

問：上記姓名、年籍資料是否確為你本人無誤？你有無前科？

答：

問：現為○○年○月○日○時○分（夜間）是否願意接受訊問製作筆錄？

答：（簽名捺印）

問：警方於拘捕你時有無告知「得保持緘默，無須違背自己之意思而為陳述」及「得選任辯護人」等二項權利？

答：

問：你因涉嫌機車竊案，接受詢問，你有權通知輔佐人到場

（少年事件處理法第三條之一規定警察、檢察官、少年調查官、法官於偵查、調查或審理少年事件時，應告知少年犯罪事實或虞犯事由，聽取其陳述，並應告知其有選任輔佐人權利。輔佐人請參考刑事訴訟法第卅五條）。

答：

問：你於何時？在何處？以何種方式竊取車號○○○號重（輕）機車？

答：

問：有無共犯？何人提議？如何分工？

答：

問：你於何時？在何處被警查獲？

答：

問：你竊取機車作何用途？有無犯其他案件？

答：

問：以上所說是否實在？是否有補充意見？

答：實在，無補充意見。

上開筆錄於○○年○月○日○時○分詢問完畢，並經受詢問人親閱無訛後始簽名捺印。

受詢問人：

詢問人：

記錄人：

（七）尋獲汽車部分：

問：上記年籍資料是否正確？聯絡電話？與當事人有無關係？

答：

問：你因何事到派出所製作筆錄？

答：我因為失竊乙部汽車，經由警方尋獲，通知我前來認領。

問：你於何時？何地失竊？是否有向警方報案？

答：我於民國○○年○月○日○時○分在○○市○○路（街）○段○巷○弄○號前失竊，失竊後曾於○○年○月○日曾向○○分局○○派出所報告失竊，請求協尋在案。

問：你所失竊的汽車是何種廠牌？牌照號碼幾號？引擎號碼幾號？年份？顏色？及有何其他特徵？

答：我所失竊汽車是○○廠牌、牌照○○號、引擎號碼○○號、○○年份、○○色○○西西自小客車（自小貨）汽車。

問：目前那輛汽車有多少價值？警方在○○尋獲？這輛汽車，經你指認是否確實為你所有？

答：目前該車價值約新台幣○萬○千○元，警方尋獲這輛○○號車，經我確認是我所失竊無誤。

問：你有無補充意見？以上所說是否實在？

答：

上開筆錄經受詢問人親閱無訛後始簽名捺印。

受詢問人：○○○

（八）尋獲機車部分：

問：上記年籍資料是否正確？聯絡電話？與當事人有無關係？

答：

問：你因何事到派出所製作筆錄？

答：我因為失竊乙部機車，經由警方尋獲，通知我前來認領。

問：你於何時？何地失竊？是否有向警方報案？

答：我於民國〇〇年〇月〇日〇時〇分在〇〇市〇〇路（街）〇段〇巷〇弄〇號前失竊，失竊後曾於〇〇年〇月〇日曾向〇〇分局〇〇派出所報告失竊，請求協尋在案。

問：你所失竊的機車是何種廠牌？牌照號碼幾號？引擎號碼幾號？年份？顏色？及有何其他特徵？重型或輕型？

答：我所失竊汽車是〇〇廠牌、牌照〇〇號、引擎號碼〇〇號、〇〇年份、〇〇色〇〇西西輕（重）型機車。

問：目前那輛機車有多少價值？警方在〇〇尋獲？這輛機車，經你指認是否確實為你所有？

答：目前該車價值約新台幣〇萬〇千〇元，警方尋獲這輛〇〇號車，經我確認是我所失竊無誤。

問：你有無補充意見？以上所說是否實在？

答：

上開筆錄經受詢問人親閱無訛後始簽名捺印。

受詢問人：〇〇〇

（九）盜採或擅採砂石案件之犯罪嫌疑人：

你涉嫌犯涉嫌盜採砂石罪，於受詢問時，得行使下列權利：

1. 得保持緘默，無須違背自己之意思而為陳述。
2. 得選任辯護人。如為低收入戶、中低收入戶、原住民或其他依法令得請求法律扶助者，得請求之。
3. 得請求調查有利之證據。

受詢問人：（簽名捺印）

問：上記年籍資料是否正確？

答：是我本人。

問：現為　年　月　日　時　分（夜間）是否願意接受訊問製作筆錄？

答：　　　　　　　　　　　　　　　　　　　　（簽名捺印）

問：警方於拘捕你時有無告知「得保持緘默，無須違背自己之意思而為陳述」及「得選任辯護人」等二項權利？

答：

問：警方所告知涉嫌之罪名及得行使之權利是否知道？是否請辯護律師到場？

答：知道，但不需要選任辯護人在場。

問：你現任何職？有無前科？

答：

問：你於何時、何地為警方查獲盜採砂石？

答：

問：除你之外還有那些人參與盜採砂石？共查扣多少機具？

答：

問：所查扣之機具為何人所有？（或有無向他人承租？若有，租金如何計算、租期、租約、租金如何給付？）操作人員為何？

答：

問：於何時開始採取砂石？現場採取砂石負責人是誰？

答：

問：現場採取砂石如何分工？（如何人把風、何人駕駛大貨車、挖土機、記帳等。並請其提出相關文書資料、單據、帳冊。）

答：

問：一共採取砂石多少立方公尺？現值市價多少？

答：

問：你受僱於○○○工資如何計酬？（並請其提出相關文書資料，如派車單等。）

答：

問：所採取之砂石均運往何處？（堆置、銷售及加工篩選等，並請其提出相關單據、帳冊。）或作為其他用途？

答：

問：現場經警方會同主管機關會勘丈量結果，一共被採取000立方公尺砂石，是否屬實？是否為你所為？

答：

問：除了今日被警方所查獲砂石場地外，是否尚有其他場地盜採砂石？

答：

問：你對本案有無其他補充意見？

答：

問：以上所說是否實在？

答：

上開筆錄於○○年○月○日○時○分詢問完畢，並經受詢問人親閱無訛後始簽名捺印。

受詢問人：

詢問人：

記錄人：

第三節　人犯戒護注意事項

一、現行犯一定要上戒具，最好設鐵欄杆亦應銬住牢靠位置，千萬不要銬住椅子，以防偷襲或偷逃。

二、人犯上廁所要釘著看，保持在目視範圍內，不要有不好意思看之心態，但女犯應以女警為之。

三、重刑犯一律戴上安全帽防自殺。

四、人犯要求服藥時，要查證清楚是否真的有病，服藥是真藥或毒藥。

五、長途押解人犯在車內以反銬為宜，防範人犯勒住駕駛頸部，意圖同歸於盡或趁機脫逃。

六、押解人犯臨檢，車內一定有戒護人員，不可同時下車獨留人犯在車內，嚴防駕車脫逃。

七、偵訊時桌面要清理乾淨，不要放置玻璃杯、迴紋針、銅板或其他可供傷人或自殺之工具。

八、重刑犯偵訊前要搜身，以防暗藏證物或武器，偵訊時不可與之過度接近，以防其偷襲。

第三篇
竊盜犯罪防治研究評估

第九章 住宅竊盜犯罪手法分析之評估

第一節 前言

保護社會安全，防止一切危害，使民眾有免於恐懼，免於怨尤的自由，不但是民眾所期盼的，亦是政府施政工作重點。然而，民眾對治安的感受與評價，主要取決於自身週遭生命財產權益是否被侵害而定。根據內政部警政署主要犯罪類型刑案統計，竊盜案件目前仍佔全般刑案發生之大宗，以2017年度發生案件為例，全部刑案發生數29萬3,247件，竊盜案件發生5萬0,737件嚴重性可想而知，可說是最具有可非難性犯罪類型。而住宅發生案件更是民眾最關心的話題，家中若遭竊，那種損失及凌亂場景，一輩子均無法磨滅與存在不安全感。以目前警察機關在預防住宅竊盜方面，雖然也舉辦防竊宣導、推行居家安全自我檢測、以及治安風水師服務等措施；行政院方面所核定社區預防犯罪的六星計畫，本著警力有限，民力無窮之思維，積極輔導村里、社區成立守望相助隊，以達全民參與預防犯罪發生，共維村里社區安全。但不可諱言對治安維護發揮功能雖然有一定的功能，但就政府整體而言，作法上仍停留在現象面的解決問題，缺乏治本措施。研究者因工作關係長期對竊盜偵防工作有深入分析與研究，認為針對職業類型[1]的小偷可說是最難加以預防，僅能更強化標的物防範的硬體設備（例如：更難打開的鎖、更牢固的門窗、更精良的防竊設備等），才能達到防止被竊的效果。

再說研究犯罪者行竊的手法與民眾防制住宅竊盜的方法是相輔相成的，都是靠經驗累積，不斷的改進落伍的防制方式而來，當住戶有住宅竊盜被害經驗，住宅竊盜犯罪恐懼感越高住戶，其自我保護行為越多（王瑞華，2007）。但是依據我國傳統社會的狀況，建築物是將自己的家或場所與公領域做一個清楚的分隔的象徵，尤其自家的住宅更是家庭最隱私，最隱密的生活場域，做出適當的保護、防衛措施是非常重要的。因此，標的物防範之硬體設備，若能在改建時將必要的防竊設備強化或將家中原有過舊的防衛性產品更換強化以達其防衛之功能，才能做到真正降低被害的風險。本研究針對更細緻的犯罪手法分析以及老舊社區、公寓無法改善防竊硬體設備再做深入研究，提出更好、更安全的改善措施。本研究透過官方資料分析以及先前研究結論，找出竊盜犯如何選擇「行竊環境特徵因子」，接著再就相關理論找出與住宅犯罪相關者，分析歸納出實際影響住宅安全之行竊手法，從而建築本研究之理論架構；最後透過法務部泰源技能訓練所強制工作受刑人調查訪問，進而研擬住宅安全之最佳策略[2]。本研究目的有下列四項：

---

1 職業竊盜：係指慣竊而言，通常以強制工作處分竊盜受刑人為主要對象，所謂二八原則，就是少數人犯下大多數犯罪件數，是最值得去關注防範一群人。按台灣竊盜犯罪生態主要還是以竊盜維生之小偷，若能從防竊硬體設備去研發推動，絕對能防止職業竊盜猖獗。

2 何明洲（2013），住宅竊盜犯罪手法分析與防制之研究，內政部研究案，

一、提供民眾對住宅竊盜犯罪新的預防觀念。

二、提供硬體防竊設備老舊之公寓、大廈住戶防竊設施。

三、提供警察治安風水師檢測說明暨防竊宣導依據。

四、提供政府防竊政策參考。

本研究亦針對刑事警察局所統計刑案發生紀錄表之犯罪手法、財物損失情形，以作為研究工具題項設計之範圍與架構參考，再經由修訂之後，形成正式之問卷調查表。問卷內容分八大項：（一）侵入方法；（二）慣用的破壞工具；（三）老舊公寓大多防竊設備不足，何種策施對防止被侵入有絕對幫助；（四）住戶採取何種策施較能防止被偷；（五）何種建築物規劃設計可達防竊效果；（六）何者房間是優先搜尋的地方；（七）哪些是優先搜尋財物位置；（八）搜尋屋內財物，行竊哪些值錢東西。前面一至五項問題係選擇題，六至八題係順序題。

問卷調查對象為台灣泰源技能訓練所針對在監服刑之住宅竊盜受刑人作全面問卷調查。計施測217人，其中現場受測再確認本身非侵入住宅竊盜強制工作受處分者有6人，未予作答，實際施測211人。經檢視測後問卷，其中36份為無效問卷予以剔除，實際分析份數有效樣本為175份。同時為考驗本研究自編問卷之可信度，研究者運用統計軟體（SPSS）之信度（reliability）功能，針對各研究變項之內部一致性及有無矛盾，進行信度分析；一般之研究經驗值，若Cronbach's Alpha係數若等於或大於0.7，則表示該變項之內部一致性堪稱良好。

本研究獲內政部頒發102年度自行研究乙等獎殊榮。

第二節　調查資料分析與發現

本問卷內容分基本資料暨調查內容八大項：一、侵入方法；二、慣用的破壞工具；三、老舊公寓大多防竊設備不足，何種策施對防止被侵入有絕對幫助；四、住戶採取何種策施較能防止被偷；五、何種建築物規劃設計可達防竊效果；六、何者房間是優先搜尋的地方；七、哪些是優先搜尋財物位置；八、搜尋屋內財物，行竊哪些值錢東西。前面一至五項問題係選擇題，六至八題係順序題。以上這些問卷內容，可進一步樹立住宅竊盜犯罪防制扎根根基，形成理論模式，提供民眾及警界、建築界重要參考。

另分為現在年齡、第一次犯竊盜案的年齡、入監前的教育程度、現在的刑期、犯竊盜案之前從事何種工作最久，共五個部分，分析如下：

一、年齡

從有效樣本175人當中，平均在技能訓練所受刑人的年齡為40歲，若再和第一次犯竊盜案的年齡24歲比較，相差16歲，可見慣犯均為長期在行竊，且未被警方所查獲。若再從受刑人31歲以上至49歲以下分析，則佔高達69.1%比率，50歲以上人數16.6%則不到二成，此一數字可以看出小偷是要體力的，年紀大已不適合再行竊。

二、第一次犯竊盜案的年齡

從有效樣本175人當中可以看出在技能訓練所受刑人第1次竊盜，年齡平均為24歲。其中，在未成年以前就曾犯下竊盜案者，也占24.6%，顯示慣竊相當年輕就開始犯案，30歲以下則達73.6%比率，若年紀超過40歲以上，想要當小偷就很少。

三、入監前的教育程度

從有效樣本175人當中，可以看出其國中畢業以下比率佔72.6%。高中（職）畢業以上教育程度高只佔25.2%，可見技能訓練所住宅竊盜受刑人大部分是低學歷。

四、現在的刑期

從有效樣本175人當中，可以顯示在技能訓練所受刑人，此次刑期（含保安處分）平均為9年6個月，相當久時間。5年以上，佔82.2%，可見慣竊判刑並不輕。

五、犯竊盜案之前從事何種工作最久

從技能訓練所住宅竊盜受刑人有效樣本175人當中，犯竊盜案之前從事何種工作最久，依序為鐵工、送貨員、水電工、木工、水泥工，尤其鐵工、水電工與行竊破壞技術有相當大關聯；另送貨員是最清楚住戶是否在家，與往後行竊有關。

六、與2010年研究居家防竊安全設計與防制文獻分析比較發現

（一）2010年調查研究受刑人第1次竊盜，年齡平均為23歲；此次調查年齡平為24歲，顯示慣竊相當年輕就開始犯案。若再和平均在技能訓練所受刑人的年齡為40歲，相差16歲，可見慣犯均為長期在行竊，且未被警方所查獲。

（二）2010年調查研究國中畢業以下比率佔69.7%。高中（職）畢業以上教育程度高佔30.3%；此次調查可以看出其國中畢業以下比率佔72.6%，高中（職）畢業以上教育程度高佔25.2%，可見慣竊還是低學歷居多。

（三）2010年調查研究在三個技能訓練所受刑人，刑期（含保安處分）平均為5年10個月，此次調查刑期（含保安處分）平均為9年6個月，相當久時間。5年以上，佔82.2%，這是與刑法連續犯廢除後有絕對關聯性。

（四）2010年研究居家防竊安全設計與防制文獻分析（下同）住宅竊盜受刑人有效樣本225人當中，犯竊盜案之前從事何種工作最久，依序為送貨員、鐵工、水泥工、木工、水電工，而經過3年依序為鐵工、送貨員、水電工、木工、水泥工，因此，鐵工、送貨員當小偷機率比其他的行業都高。

第三節　侵入方法、工具與居家防竊

一、選擇侵入方法

從侵入方法分析，喜歡選擇侵入依序為：1.屋後或屋旁有通道佔82.8%；2.鄰接施工中之建築物佔79.4%；3.無人看管之大樓地下停車場侵入佔76.6%；4.出入口較多且無人看守之社區較隱密之巷道佔76%；5.廳內沒有管理員佔74.3%；6.無人看管之大樓地下停車場侵入佔77.3%；7.進入住戶前門不易被其他住戶發覺佔70.3%。分析可以得知屋後或屋旁有通道、鄰接施工中之建築物、沒有管理員的門廳、防火巷、地下停車場、出入口較多巷道等均是慣犯最喜歡侵入途徑。

從什麼方法侵入住宅分析依序為：1.開鎖侵入（沒有破壞）73.7%；2.窗未上鎖攀爬侵入72.6%；3.勾開鎖門侵入72%、門未上鎖侵入72%；4.破壞鎖具侵入68%、破壞鐵窗逃生門鎖具侵入68%；5.破壞氣窗進入67.4%；6.破壞鐵窗侵入66.3%；7.破壞門板侵入65.8%。

從上述資料分析可以得知小偷行竊時最先嘗試用開鎖方式進入，其次是窗未上鎖攀爬侵入、勾開鎖門侵入、門未上鎖侵入，因破壞較費力且風險較大，若無上述狀況才採取破壞方式侵入。

二、慣用的破壞工具為何

從慣用破壞工具分析，依序為螺絲起子81.1%、油壓剪配合鐵錠鉗69.2%、鐵撬66.3%、鋼剪配合固定鉗65.8%、活動板手62.3%，均超過六成以上認同，而尖嘴鉗56%、管鉗把手53.1%，亦均有五成以上會經常使用之破壞工具。

三、那些措施對防止被侵入有否絕對幫助

從分析加裝聲響防盜措施絕對有幫助非常同意及同亦佔89.2%為最高、其次是多重鎖（多道門栓）84.6%、裝有保全系統84.6%、第三是晶片鎖佔82.8%，其他門加裝監視器81.7%、加裝感應式照明燈防盜措施81.2%、室內加裝燈光定時器80%亦均達八成以上、加裝實心鐵窗77.2%、有狼犬固守72%。由上可以觀之，公寓加裝聲響防盜是非常好的措施，門鎖採用多重鎖（多道門栓）、晶片鎖防盜有絕對幫助；另感應式照明燈、燈光定時器、監視器、實心鐵窗亦均有防盜效果。

四、住戶採取何措施較能防止被偷

從租銀行保管箱存放是最安全佔85.7%，其次是設計隱密之抽屜或暗門存放佔75.5%，第三是買保險櫃存放佔71.4%，貴重物品藏放在較不起眼的地方佔67.5%。由上觀之，貴重東西存放銀行保管箱是最安全，若沒有保管箱設計隱密之抽屜或

暗門存放是非常有必要的。

五、何種建築物規劃設計可達防竊效果

從建築物規劃設計防竊效果均非常高，可見下列方式設計是非常有效，可以防止小偷侵入。

六、何者是優先搜尋財物的地方

從分析小偷侵入住宅行竊優先尋財物的地方，依據統計次數分析依序為：主臥房、老人家房、成人房、學生房、客廳、廚房。因此，主臥房、老人家房、成人房存放貴重東西則必需要有防竊措施，例如：保險櫃或設計隱密之抽屜或暗門存放。

七、哪些是優先搜尋財物位置

從分析小偷侵入住宅行竊優先搜尋財物位置，依序：衣櫥內抽屜、床頭櫃內、床舖床墊下、衣櫃吊掛衣服、書桌抽屜、酒櫃、書櫃。因此，櫥內抽屜、床頭櫃內、床舖床墊下、衣櫃吊掛衣服是小偷優先搜尋的地方。

八、行竊哪些值錢東西

從分析小偷侵入住宅行竊，行竊哪些值錢東西，依序為：現金、金飾珠寶、名貴手錶、藝術品古董、手機、手提電腦、

音響、電視，可見現金、金飾珠寶、名貴手錶、藝術品古董仍染然是小偷最愛。

第四節　結論與建議

一、結論

（一）竊盜犯

1. 調查發現受刑人第一次犯案年齡平為24歲，顯示慣竊相當年輕就開始犯案。若再和平均在技能訓練所受刑人的年齡為40歲，相差16歲，可見慣犯均為長期在行竊，且未被警方所查獲。
2. 犯竊盜案之前從事何種工作最久，依序為鐵工、送貨員、水電工、木工、水泥工，因此，鐵工、送貨員當小偷機率比其他的行業都高，值得注意。

（二）犯罪手法

1. 屋後或屋旁有通道、鄰接施工中之建築物、沒有管理員的門廳、防火巷、地下停車場、出入口較多巷道等均是慣犯最喜歡侵入途徑。
2. 小偷行竊時最先嘗試用開鎖方式進入，其次是窗未上鎖攀爬侵入、勾開鎖門侵入、門未上鎖侵入，因破壞較費力且風險較大，若無上述狀況才採取破壞方式侵入。
3. 公寓加裝聲響防盜是非常好的措施，門鎖採用多重鎖（多道門栓）、晶片鎖防盜有絕對幫助；另感應式照明燈、燈光定時器、監視器、實心鐵窗亦均有防盜效果。

4. 貴重東西存放銀行保管箱是最安全，若沒有保管箱設計隱密之抽屜或暗門存放是非常有必要的。
5. 主臥房、老人家房、成人房存放貴重東西則必需要有防竊措施，例如：保險櫃或設計隱密之抽屜或暗門存放。
6. 櫥內抽屜、床頭櫃內、床舖床墊下、衣櫃吊掛衣服是小偷優先搜尋的地方。
7. 現金、金飾珠寶、名貴手錶、藝術品古董仍然是小偷最愛。

（三）建築主體安全設計

1. 陽台進入屋內以品質較佳之落地氣密窗（以雙層0.5公分以上厚度之強化玻璃搭配不鏽鋼格）可達防竊效果。
2. 陽台、露台不與隔戶相鄰（或相鄰處加高設計）可達防竊效果。
3. 露柱、裝飾或飾條以光滑面材且加寬加深設計，避免遭橫向攀爬，可達防竊效果。
4. 雨遮以不連續式設計、高低錯落設計、光滑面材設計、傾斜式設計，可達防竊效果。
5. 露樑以光滑面材設計（不易站立）、傾斜式設計，可達防竊效果。
6. 屋頂女兒牆加高設計、內傾或外傾式設計或內縮式設計，可達防竊效果。
7. 住戶大門，防盜（爆）門設計加磁簧開關（紅外線／熱感應）或其他防盜措施，可達防竊效果。

8. 窗戶非景觀窗的對面最好是實牆（交錯式開口設計），可達防竊效果。
9. 強化玻璃設計加磁簧開關（紅外線／熱感應）或其他防盜措施，可達防竊效果。
10. 社區大門，警衛亭視線要周全性、降低死角，可達防竊效果。
11. 設置感應卡／指紋／虹膜／指靜脈辨識／數位影音監視對講系統，可達防竊效果。
12. CCTV監視系統的使用，可達防竊效果。
13. 保全系統的監控，可達防竊效果。
14. 住戶互動間設有共同使用之中央廣場，住戶客廳窗戶應朝向廣場，利用相互監視可達到防竊功效。
15. 開放空地或公園等通路動線應遠離住戶四周，可達到防竊功效。
16. 共用樓梯應設置於從共用走廊、電梯間、住戶玄關能夠看的到位置，較能防止侵入行竊。
17. 陽台的欄杆樣式宜採透空建材或直式欄杆，當有人潛入時較容易被發現。
18. 在圍籬與外牆等加開四角狹縫，容易被外部所發現，對企圖犯罪者而言，會產生心理退卻感。

二、建議

（一）政府方面

1. 政府（營建署及建築研究所）應訂定住宅建築設計準

則，將預防犯罪安全設計納入建築法令內，本研究可提供相當高程度設計諮詢規範。建築主體安全設計原則如下：

（1）陽台進入屋內以品質較佳之落地氣密窗（以雙層0.5公分以上厚度之強化玻璃搭配不鏽鋼格）達到防竊效果。

（2）陽台、露台不與隔戶相鄰（或相鄰處加高設計）。

（3）露柱、裝飾或飾條以光滑面材且加寬加深設計，避免橫向攀爬。

（4）雨遮以不連續式設計、高低錯落設計、光滑面材設計、傾斜式設計。

（5）露樑以光滑面材設計（不易站立）、傾斜式設計。

（6）屋頂女兒牆加高設計、內傾或外傾式設計或內縮式設計。

（7）住戶大門，防盜（爆）門設計，磁簧開關（紅外線／熱感應）或其他防盜措施。

（8）窗戶，非景觀窗的對面最好是實牆（交錯式開口設計）；強化玻璃設計及磁簧開關（紅外線／熱感應）或其他防盜措施。

（9）落地門，避免近距離內（3公尺）同時開窗；強化玻璃設計及磁簧開關（紅外線／熱感應）或其他防盜措施。

（10）社區大門，警衛亭視線要有週全性，以降低死角；設置感應卡／指紋／虹膜／指靜脈辨識／數位影音監視對講系統。

（11）社區後門，建築空間明亮，照明充足，大門自動歸位設計。

（12）社區側門，建築空間明亮，照明充足，感應卡及緊急按鈕設計。

2. 小偷年紀大已不適合再行竊，本署應針對40歲以下慣竊治安人口嚴加監控，防範再犯案。
3. 住宅竊盜犯罪手法，納入本署防竊宣導的重點。
4. 重新修正住宅防竊安全檢測報告表內容，更務實協助住戶找出容易造成竊盜犯侵入的弱點。

（二）民眾部分

1. 提升社區、大廈自治能力，以日常活動理論論點遏止犯罪發生若抑制者在場，如僱用保全人員駐守，鼓勵父母同住，社區巡守隊自發式參與預防犯罪，這些抑制者在場，則是預防竊盜犯罪重要手段。
2. 鼓勵裝設系統保全設施，老舊公寓裝設警報器或裝設紅外線感測器之閃光照明燈，可有效防止竊盜案件發生。
3. 鼓勵民眾購買多層鎖、晶片鎖，小偷就不容易破壞侵入；裝設實心不鏽鋼的門窗或氣密格子窗有一定防竊功能。
4. 貴重東西存放銀行保管箱是最安全，若沒有保管箱設計隱密之抽屜或暗門存放是非常重要的。

第十章 居家防竊安全設計研究之評估

本章節主要目的在於說明住宅預防竊盜犯罪的安全防範與設計功能之問題背景，包含竊盜犯罪嚴重性之現況和政府、民間推動住宅防竊效果不彰之窘境；其次敘述本研究之動機和目的，最後是詮釋重要名詞[1]。

第一節 研究動機與目的

國內學者莊忠進（2003）針對住宅竊盜之研究，其發現犯罪者依放棄行竊的決意分為四種情況：第一種是難以防範的職業型小偷，這種類型基本上是具有相當專業技術的職業竊盜，故難以防範。第二種是遇有人在家、有專業的保全人員、有電子防盜設施或精密難以移動的保險櫃，就會放棄犯罪的小偷。第三種則是遇到有鄰居監控、有一般的警衛或管理員，有堅固的鐵窗或社區聯防警報系統，就會放棄行竊的小偷。第四類則是當遇到堅固的門鎖、監視器、防盜器，就會放棄行竊的小偷。故研究者認為針對第一類型的小偷可說是最難加以預防。但相對這類型行竊技術高超的小偷也不多，所以僅能更強化標的物防範的硬體設備，而針對其他類型的小偷，一樣必須強化

---

[1] 何明洲（2010），住宅竊盜犯罪安全設計與防制之研究，中央警察大學犯罪防治研究所博士論文。

已有的物理性防衛產品（例如：更難打開的鎖、更牢固的門窗、更精良的保險櫃等）、請專業的保全人員或警衛的監控、加裝預防性的電子產品（例如：監視器、保全系統、警民連線等）及嚇阻性的產品（例如：自動感光器、防盜器等）、增加鄰里互助巡守隊監控等，才能達到防止被竊的效果。因此，防竊硬體設備裝置就顯得更加重要。

再說研究犯罪者行竊的手法與民眾防制住宅竊盜的方法是相輔相成的，都是靠經驗累積，不斷的改進落伍的防制方式而來，當住戶有住宅竊盜被害經驗，住宅竊盜犯罪恐懼感越高住戶，其自我保護行為越多（王瑞華，2007）。但是依據我國傳統社會的狀況，建築物是將自己的家或場所與公領域做一個清楚的分隔的象徵，尤其自家的住宅更是家庭最隱私，最隱密的生活場域，做出適當的保護、防衛措施是非常重要的，若能在改建時將必要的防竊設備強化或將家中原有過舊的防衛性產品更換強化以達其防衛之功能，才能做到真正降低被害的風險。

其次是如何提升民眾對警察防竊的信心，以台北市為例，當時市長郝龍斌上任以後政策白皮書明確提出「治安零容忍」要求，其意涵是不管大案小案均要一視同仁全力偵辦，無非是強化民眾對警察的信心，為降低竊盜犯罪恐懼感之策略之一。可是民眾對警察處理建築物竊盜案件多所抱怨，例如：破案率偏低、專業能力不足。而國內一項針對台灣地區住宅竊盜被害人601名電訪之研究（鄭昆山、楊士隆、何明洲，2004），發現表示其所報案的案件有破案的比例只佔15.3%，這樣的低破案率結果，除了警察單位傷透腦筋之外，更讓民眾對警察失去信心，除對警察滿意度降低，更增加了民眾不安全感。該研究調查更進一步指出，民眾在遭竊後的不安全感的確深植在民眾心中，不安全感持續一個月以上的比例佔六成以上，其中有22%之民眾不安全感持續了一年以上。從上述調查可看出端倪，針對受害者，若警察辦案態度是冷漠，無法替民眾破案，則對警察的信心就越低。但事實上，警察並非不積極偵破住宅竊盜案件，最主要關鍵是在要從現場找到犯案跡證是非常困難。當然欲澈底有效降低失竊率，則必須與其他相關機關配合才能竟其功，例如：增修洗錢防治法將竊盜罪納入，增修通訊保障與監察法將常業竊盜罪納入通訊監察範圍，但上項措施非短時間可促成，因此就必須有比較治本性之防竊研究，此為本研究之主要動機所在。

本研究第一階段就先前在刑事警察局偵辦竊盜案件所分析歸納出實際影響住宅安全之各項環境因素。召集建築業者、建築防盜材料業者、鎖匠業者、都市規劃專家及警察治安風水師進行焦點訪談，提出安全設計規範，包括：安全動線、防衛空間安全建構、安全之門、鎖、鐵窗等。之後，將焦點訪談安全設計內容利用在監獄竊盜犯再做問卷調查，加以驗證其可行性，最後研擬出住宅安全設計之最佳策略。

總之，研究者認為強化建築物的規劃和硬體設備，讓小偷無法侵入或破壞才是解決之道，民眾財物不會被竊，則民眾對警察的信心，當然會提升，此亦為本研究最主要研究目的。基於上述緣由，本研究所欲探究及完成的目的如下：

一、提供政府建構訂定住宅建築設計之安全規範。

二、提供防竊建材業者裝設防竊設備標準。

三、提供建築相關產業對預防住宅竊盜犯罪安全設計參考。

四、提供警察治安風水師檢測說明暨防竊宣導依據。

五、提供民眾對住宅竊盜犯罪新的預防觀念。

第二節　研究發現

一、竊盜犯犯罪因素

本研究為瞭解竊盜犯本身因素與犯竊盜案件相關性，經調查結果，有下列重要發現：

（一）現在的年齡和第一次犯竊盜案的年齡比較，平均在技能訓練所受刑人的年齡為35歲，若再和第一次犯竊盜案的年齡平均23歲比較，相差12歲，可見慣犯均為長期在行竊，而34歲以下犯案則達90.4%比率，可見犯竊盜案件絕大部分均是年輕人且與體力有絕對關係，第一次行竊後，還是繼續行竊。

（二）教育程度和行竊關係，受測者95.7%教育程度係高中（職）畢業以下程度，可見竊盜習慣犯絕大部分均是低學歷，尤其國中畢業比率佔49.4%。

（三）刑期犯案程度，七年以下比率有77.3%，七年以上有22.7%，可見慣竊被判刑並不輕。換言之，被逮捕到案，所犯案案件均相當多，才被重判，警察機關應加強慣竊查緝。

（四）犯竊盜案之前從事何種工作最久，依序為送貨員、鐵工、水泥工、木工、水電工，其中送貨員是最清楚住戶是否在家，與往後行竊有關；另鐵工、水泥工、木工、水電工與行竊破壞技術有相當大關聯。

（五）犯竊盜案件最重要的因素，吸毒需花錢犯竊盜案，所佔比率最高達38.7%；其次是缺錢花用佔24.4%；失業無經濟來源佔18.7%；收入入不敷出佔15.6%。可見吸毒需花錢和犯竊盜案件關係非常密切。

（六）積欠債務和挺而走險關係，從有效樣本231人當中分析，無積欠債務佔有效樣本比率67.5%，有積欠債務佔有效樣本比率32.5%，可見有沒有積欠債務跟行竊沒有很大關係。

（七）有無吸毒習性部分，從有效樣本230人中，有吸毒習性141人，佔有效樣本61.3%，而有吸毒習性每月花30,000元買毒品佔19.6%最多；100,000元佔11.6%；其次20,000元佔10.7%；再其次10,000元佔9.8%排第四，可見吸毒花費不少錢。吸毒犯從事住宅竊盜是相當嚴重的課題，當局必須加強毒品掃蕩，杜絕毒品來源以及加強毒犯戒治工作。

二、竊盜犯犯罪手法

研究住宅竊盜犯罪，對瞭解竊盜犯犯罪手法是相當重要的，本研究針對侵入方式、破壞手法、慣用破壞工具、放棄或轉移行竊標的物的因素、門鎖多久時間無法打開會放棄作案、門窗多久時間無法打開會放棄作案、每次侵入行竊時間有多久，均有很重要發現，茲分述如下：

（一）侵入方式

沒有管理員的門廳、防火巷、地下停車場、出入口較多的巷道、建築物鷹架等均是慣犯最喜歡侵入途徑。

（二）破壞手法

1. 使用開鎖工具直接開啟門鎖，試看看是否有辦法打開侵入行竊；破壞門氣窗護條，由護條縫隙伸手開門鎖侵入，或直接由鎖孔破壞轉開門鎖侵入；用鐵撬類之工具由門鎖處之門縫撬開門鎖侵入；挖掉鎖頭再以起子由鎖心扭開門鎖侵入及破壞鉸鏈侵入。
2. 鐵窗方面破壞逃生窗鎖侵入、剪斷逃生窗鎖扣侵入、剪斷圓管護條侵入。

（三）慣用破壞工具

螺絲起子、油壓剪、鋼剪、活動板手、鐵撬、管鉗把手、尖嘴鉗等會是經常使用的破壞工具。

（四）放棄或轉移行竊標的物的因素

1. 有抑制者在場大部分竊盜慣犯是不會作案，尤其警察巡邏最具嚇阻作用。
2. 裝有聲響、燈光防盜設施能有效防止竊盜案件發生。
3. 門鎖心、鎖頭經強化處理很難打開，門鎖若係多層鎖，一體成型的鎖會放棄或轉移行竊標的物。
4. 裝設實心不鏽鋼的門窗或氣密格子窗有一定防竊功能。

5. 建築物棟距六公尺，就非常不易跨越，會放棄或轉移行竊標的物。
6. 有狼犬固守65.8%會放棄或轉移行竊標的物。
7. 社區空間明亮60.1%會放棄或轉移行竊標的物，明亮空間設計，非常重要。

（五）門鎖多久時間無法打開會放棄作案

從有效樣本227位慣犯中，平均10分鐘若無法將門的鎖打開或破壞，則會放棄作案；若在20分鐘內打不開則有86.8%慣犯會放棄作案；若再提升至30分鐘打不開，則會有97.8%慣犯放棄作案。

（六）門窗多久時間無法打開會放棄作案

從有效樣本228人當中，平均8.8分鐘，若無法將門窗打開，則會放棄作案。5分鐘時間無法將門窗打開，有60.1%會放棄作案；若10分鐘未能被打開，則有82.5%比率會放棄作案；若達30分鐘打不開，則有97.4%比率會放棄作案。

（七）每次侵入行竊時間有多久

從有效樣本218人當中，平均侵入行竊時間為27分24秒。侵入行竊30分鐘以下達86.7%比率，若行竊達60分鐘則達96.3%比率。因此，可以明顯看出大多數慣犯進入住宅行竊逗留時間為30分鐘以內。

三、結語

犯竊盜罪大部分是年輕人90.4%為34歲以下，低教育程度95.7%係高中畢業以下程度、國中畢業比率佔相當49.4%；有吸毒習性比率高達61.3%，吸毒和行竊有密切關係，且因吸毒需要花錢去行竊比率高達38.7%；行竊前從事職業和竊盜手法相關所佔比率58.2%相當高，如鐵工、木工、水泥工、水電工、鷹架工、送貨員、保全業等。

侵入方式以沒有管理員的門廳、防火巷、地下停車場、出入口較多的巷道、建築鷹架等均是最喜歡侵入途徑；破壞手法以破壞門鎖、鐵窗方式居多。警察巡邏最具嚇阻作用，聲響、燈光能有效防止竊盜發生。

門鎖平均10分鐘、門窗平均8.8分鐘無法打開會放棄或轉移作案。因此，住宅竊盜安全設計應著重在建物硬體設備，尤其在環境空間設計如棟距、住戶可互動性，明確領域感如單一路徑進入社區、圍牆採透空率設計；防竊材質、監控設備強化如門、鎖結構要內縮，隱藏在門板裏面、鐵窗、格子窗不僅擁有防盜且要有逃生功能。保全系統，建築主體規劃以不容易侵入為原則，若被侵入則容易被發現。總之，本研究之結論均符合上述要求，若能依結論規劃設計，必能有效防制住宅竊盜案件發生。

第三節　結論與建議

一、研究結論

從焦點團體訪談和竊盜慣犯問卷調查的二種研究方法，均可得到相同的論點，則表示這樣的結論，具有信、效度。同時經由專家焦點團體訪談結論，再透過三個技能訓練所住宅竊盜受刑人慣犯施測印證，也得到以下共同重要結論。

（一）被竊區域與環境空間設計關聯性部分

1.住宅建築安全設計

（1）環境空間設計

大樓優於透天別墅、獨棟式設計優於連棟式設計、各層單戶設計優於多併式設計、都市設計建築物要退縮，前面後面增加縱深規劃，調查出有效百分比佔六成，原則上認同，但何種建築設計並非是侵入行竊主要關鍵，可見何種建築設計並非是侵入行竊重要關鍵。棟與棟距離保持6公尺以上就不易跨棟行竊達88.1%、棟與棟距離保持5公尺以上就不易跨棟行竊達71.9%。因此，6公尺以上就更不易跨棟行竊。

（2）可互動程

A.規劃1、2樓作公共設施使用，增加住戶互動，可減少被偷竊機率。

B.避免有從外面進來的人，沒有經過終端出入門管制。

(3) 明確領域感

A.圍牆高度要3公尺以上，採透空率設計；雙軌紅外線感應裝置或熱感應系統等。

B.矮樹籬會增加竊犯進到社區的難度，高度約50公分，可通視內外不致阻隔視線，同時採CCTV24小時監控。

C.設計固定路徑方能進出社區，才有利管制。

(4) 門禁設施

A.優良材質與結構的門鎖、門扇設計。

B.生物晶片科技的門禁管制。

C.大門自動歸位設計。

D.電梯指定樓層設計，電梯防拷感應晶片。

E.安全梯自然通風採光設計，逃生門自動歸位警報系統。

F.梯廳自然通風採光設計及低台度開窗設計，CCTV裝置。

G.門廳自然通風採光設計，CCTV裝置。

H.設計透光性良好的玻璃落地窗，以增加住戶監控力。

(5) 地下室設施

A.地下室車道警衛亭視線要有週全性，以降低死角。

B.社區成員外使用停車場之車輛，設單獨出入口出入，大樓電梯及車道動線分開設計。

C.使用具防拷功能之遙控器或感應磁卡管制出入住戶。

D.CCTV及感應式遙控鐵捲門（防跟蹤設計）。

（6）建築主體安全設計原則

A.陽台進入屋內以品質較佳之落地氣密窗（以雙層0.5公分以上厚度之強化玻璃搭配不鏽鋼格）達到防竊效果。

B.陽台、露台不與隔戶相鄰（或相鄰處加高設計）。

C.露柱、裝飾或飾條以光滑面材且加寬加深設計，避免橫向攀爬。

D.雨遮以不連續式設計、高低錯落設計、光滑面材設計、傾斜式設計。

E.露樑以光滑面材設計（不易站立）、傾斜式設計。

F.屋頂女兒牆加高設計、內傾或外傾式設計或內縮式設計。

G.住戶大門，防盜（爆）門設計，磁簧開關（紅外線／熱感應）或其他防盜措施。

H.窗戶，非景觀窗的對面最好是實牆（交錯式開口設計）；強化玻璃設計及磁簧開關（紅外線／熱感應）或其他防盜措施。

I.落地門，避免近距離內（3公尺）同時開窗；強化玻璃設計及磁簧開關（紅外線／熱感應）或其他防盜措施。

J.社區大門，警衛亭視線要有週全性，以降低死角；設置感應卡／指紋／虹膜／指靜脈辨識／數位影音監視對講系統。

K.社區後門，建築空間明亮，照明充足，大門自動歸位設計。

L.社區側門，建築空間明亮，照明充足，感應卡及緊急按鈕設計。

2.住宅監控設備與防竊關係

（1）監控設備

A.錄影監視系統以追查身分為主要功能，在防竊上應將其列為輔助設備，主要設備應以感知設備為主要，才能有效發現真實狀況。

B.CCTV監視系統的使用，會產生嚇阻作用。

C.為防止竊犯按對講機探路，設定從對講機轉接到個人手機上對話因應，可防止被竊。

D.保全系統的監控，會產生相當程度的嚇阻作用。

E.利用e-home科技作一個住宅建築整體連線系統。

F.裝置車牌辨識功能監視系統，管制陌生車輛。

（2）自然監控

A.數位CCTV 24小時監控。

B.大樓建築設計，攀爬監視度及開放空間察覺度，均較透天別墅及連動式建築設計高。

（二）強化防竊建材設置部分

1.門鎖部分

（1）鎖的種類很多，鎖的構造要一體成型，不要分離式的。一體成型的鎖，竊犯要撬開就很困難。

（2）鎖心部分，製造過程當中就必需將已熱處理之鋼條平行植入鎖心內，將它頂住；鎖頭面板下層另置入熱處理之鋼板，鎖頭周邊之飾板同樣以熱處理之鋼板裝置，如此可防制電鑽破壞，讓電鑽沒有辦法貫穿。

（3）最難被打開的鎖，是結構要內縮，隱藏在門板裏面。因為結構如果在外面就接觸得到，破壞也很容易，或是容易用其他方式開啟，如果它內縮的話，鎖內空間間距變長，任何的開鎖工具，它伸進去長度，越長力道就越弱，就越沒辦法去撥開鎖內裝置。使用長柄伸縮鑰匙之鎖具，且可自屋內以徒手開啟之鎖具，使用上比較安全方便。

（4）多層鎖要撬開很多層門栓，時間會延長，深具防竊作用。

（5）晶片鎖就是沒有鑰匙洞讓工具插入、讓竊犯破壞，如此少一個層面被破壞，竊犯就不容易得逞。

（6）鎖（CISA）結構內縮，隱藏在門板裏面，不容易打開；多層鎖及晶片鎖，是目前破壞難度較高，且不容易打開的鎖。

2.門窗部分

（1）鐵門材質有不鏽鋼製、鍍鋅鋼板及鋁製的，以防盜的特性而言，還是首推不鏽鋼材質，其次是鍍鋅鋼板。而堅固的門，門裡面夾層的材料，強度要夠。門板旁邊凹進去，點焊接合密度要夠，門板較則不易被破壞。

（2）鐵門的門擋也是防盜重點。不管任何材質的鐵門，有一般一字型防撬板及口字型防撬版。當然ㄇ字型防撬門擋防盜最優，因小偷真正會開鎖的並不多，大都拿鐵撬撬開門縫，ㄇ字型防撬門擋即是針對此設計改良。

（3）門硬度要高，應選擇以鋼材為主要材質。若是黑鐵的材質，它也是有鋼的材質在裡面。厚度一般都是1.0mm、1.2mm左右，當然相對的它的厚度越厚，它的強度越強，越不容易破壞。

（4）門框結構也要做防撬設計，否則就容易破壞進去。

（5）門鉸鏈強度要夠，才能防破壞。

（6）格子窗不僅擁有防盜逃生功能，同時兼具美觀大方的設計，因其安全上將不鏽鋼管穿夾在複層玻璃中，再加裝高級的卡巴鎖，即便遭外力強力撞擊，窗戶依舊不會被破壞侵入，不僅有最佳的防盜功能，當意外發生時，只要將窗子輕易的左右橫拉，即能保持逃生管道的暢通，是當前民眾可選擇的標的。

（7）窗以實心不鏽鋼材質，較能防破壞。

二、研究建議

從以上結論可以獲知，防止住宅竊盜案件發生，必須由政府、業者、民眾一致認知，共同努力，才能更有效防範竊盜案件發生，本研究結果提供以證據為基礎（evidence based）的竊盜預防策略，可歸納為以下建議，提供各界參考。

（一）政府方面

1. 政府應訂定住宅建築設計準則，將預防犯罪安全設計納入建築法令內，本研究結論可提供相當高程度設計諮詢規範。
2. 政府應比照日本或英國對鎖、門、窗要有認證標章，且廠商有責任跟民眾解釋鎖、門、窗品質如何。因鎖、門、窗係相當專業，譬如：讀機工科，他們知道材料力學，知道HRC要幾度，一般老百姓沒有人懂，因此必須加強對民眾宣導，同時科於認證標章廠商要指導民眾。
3. 政府機關或民間單位均應建立鑑驗門鎖、門窗單位，才有一套標準分辨出門、鎖的好壞，讓消費者有更多選擇。
4. 輔導鎖匠產業，行政院勞工委員會職業類別技能檢定再增加「鎖匠」類別如丙級或是乙級技術師，透過專業認證機構的考試或訓練方式，提升其專業科技水準，增進民眾的信任感。
5. 小偷是要體力的，年紀大已不適合再行竊，警方應鎖定50歲以下慣竊治安人口嚴加監控；同時由警察教育民眾，因為警察可以根據竊案現場照片，提醒民眾何種鎖是不安全，容易被破壞的。
6. 重新修正住宅防竊安全檢測報告表內容，更務實協助住戶找出容易造成竊盜犯侵入的弱點。

（二）預防竊盜犯罪建材廠商部分

1. 門鎖部分應加強研發鎖、護條、鉸鏈等堅固性；在鐵窗方面應加強研發逃生窗鎖扣及鎖的堅固性，其次是鐵窗護條應使用實心較粗護條，才較能防破壞。
2. 製造鎖業公司應將鎖產品分三等級，頂級鎖30分鐘不會被打開；中級鎖達20 分鐘不會被打開；最普通的鎖至少要有5分鐘防破壞侵入功能存在。
3. 製造門窗公司可以分三個等級製造，頂級門窗達30分鐘不會被打開；中級門窗達10分鐘不會被打開；最普通也應有5分鐘防破壞侵入功能存在。

（三）民眾部分

1. 提升社區、大廈自治能力，以日常活動理論論點遏止犯罪發生，若抑制者在場，如僱用保全人員駐守，鼓勵父母同住，社區巡守隊自發式參與預防犯罪，這些抑制者在場，則是預防竊盜犯罪重要手段。
2. 鼓勵裝設系統保全設施，大門裝設警報器或裝設紅外線感測器之閃光照明燈，可有效防止竊盜案件發生。
3. 購買鎖心內縮、鎖頭經強化處理的鎖、多層鎖、晶片鎖、一體成型的鎖，小偷就不容易破壞侵入。
4. 裝設實心不鏽鋼的門窗或氣密格子窗有一定防竊功能。

第十一章
汽車竊盜犯罪及其防治之評估

第一節　前言

近年來，台灣地區隨著經濟的快速開發成長，社會因為工業化、商業化、都市化以及現代化而急遽變遷，傳統的家庭結構亦有顯著轉變；甚且由於各種傳播工具迅速崛起，使得人際關係和國人價值觀念亦起了重大的變化，致使社會控制之原有功能面臨解構，社會陷入脫序，而顯得不安與失調。

保護社會安全，防止一切危害，使民眾有免於恐懼，免於怨尤的自由，不但是民眾所期盼的，是政府重要施政工作。然而，民眾對治安的感受與評價，主要取決於自身週遭生命財產權益是否被侵害而定，因此，雖然一件小小竊案，卻可能是民怨的根源。而以國內刑案統計觀之，竊盜案件目前仍佔全般刑案發生之大宗，以2017年度竊案發生為例（資料來源：2017年警政統計重要參考指標），汽車就佔3,106件，平均每天失竊8.5輛，依數字觀之，仍有防制空間。

第二節　竊盜高失竊率因素

一、贓車不易發覺所導致因素

（一）引擎或車身號碼、條碼被磨損或刮掉後還原困難，查證不易，須由專業人員如原車商製造廠鑑定，由於目前沒有法令約制，各廠商亦由於本身制度關係，配合程度不一。

（二）車商生產製造防竊密碼不全，常遭竊賊破壞，循線找回原車籍資料困難。

（三）對於中古汽車材料行、零件來源均無法考據常有贓車零件回流，管制追查不易。

（四）車輛監理單位，對檢視車輛工作繁重，僅以目視為之，難以辨識車輛是否有被改（變）造。

（五）車輛定期檢驗，民間代檢日益增多，由於缺乏對贓車認識，欲從檢驗中發覺有其困難度。

（六）A、B車、偽造車牌集團，將車牌套用於同型、色、種之贓車於他地使用，及一車牌車輛同時出現南、北兩地情形，原車主在不知情下，往往接獲違規告發單始知車牌文偽造冒用。

（七）員警對贓車辨識缺乏專業知識，如對車輛種類、年份不熟悉，僅能檢視行照核對車輛號碼、顏色、廠牌、CC數等，使贓車駕駛者有恃無恐。

（八）員警查獲可疑車輛時，未能追根究底，確實瞭解來源或即時採證如指紋、電解等使原車重現。

（九）海關人員工作繁重加上快速通關作業規定，抽驗出口貨櫃率低，且在欠缺情資下，查緝非法不易，使不法業者有機會矇混過關。

二、謊報、誤報

（一）車主報廢老舊車輛時，謊報失車，意圖逃避大量罰金及稅金。

（二）監理單位與警政署資訊室，業已完成失車查（尋）獲作業連線。對查（尋）獲車輛，未能主動催辦恢復車籍，且未依規定扣繳稅捐至警方受理報案日，到使民眾相互傳聞，蔚為風尚。

（三）廢棄車輛經環保單位廢棄拖吊處理，民眾誤以為失車而報案。

（四）車主與權利人財務糾紛，為法院強制歸還，意圖報復而謊報失竊。

（五）部分車主不甘違規停車文拖吊，意圖免繳拖吊罰鍰，謊報失竊。

（六）酒醉車主，翌日失憶停車地點，藉報失竊，利用警察協助尋車。

（七）偶聞有極少數員警教唆親友謊報失竊，翌日再報尋獲製造檢肅竊盜假績效。

三、查贓因素

（一）各縣市警察（分局）局大多未設專人承辦查贓業務，僅派外勤員警兼辦（仍需參與偵破績效評比），流動率高，無法落實推動、執行查贓勤務，有礙查贓績效提升。

（二）各縣市警察（分局）局查贓勤務流於形式，為落實執行查贓工作（未編排查贓勤務或雖有編排查贓勤務，但出入登記簿卻填寫刑案偵處、查捕逃犯或金融機構埋伏等勤務），嚴重影響查贓績效。

（三）部分警察分局未依規定將轄區易銷贓場所異動資料更新建檔，致未能完全保持轄區易銷贓場所基本資料常新。

（四）通緝犯典當及一人多次典當查報，虛應故事，未能落實執行。

（五）滿當之流當物品，各縣市警察局未嚴格要求業者，填寫流當品報告表。

四、贓車保管問題

汽、機車屬大型贓物，一般地方法院檢察署贓物庫是不收，造成基層同仁查扣到汽機車無處可停放，尤其市區分局、派出所更是嚴重，且有些贓車牽涉多人善意者，彼此間協調解決不易，官司一打數年，甚至承辦人均已換人。保管問題的確是基層同仁最頭痛問題，造成降低偵辦意願。

五、無法監聽

通訊保障及監察法，竊盜案件是不列監聽範圍，然而惡質化竊盜集團是流竄性作案，尤其慣竊再犯率高且其行蹤非警勤區及刑責區員警所能充分掌握，在偵查上若不能監聽的確難以其他方法蒐集或調查其證據，因此在偵辦上有其盲點存在。

六、慣竊監管不易

職業竊盜犯大多不居住在戶籍地，行蹤不定，警察機關掌握不易，若在戶籍地警方也無法全般瞭解渠動態，形成監管漏洞所在。

總之警察機關在偵防竊盜案件，尚存諸多問題所在，不過現階段守望相助巡守隊及設置監視系統並未普遍，亦是導致猖獗因素之一，所謂「警力有限，民力無窮」，竊盜防制工作，單靠警察人員力量是很難達到良好成效，惟有民力動員加入，始能達成減少犯罪之目標。本研究擬在瞭解竊盜犯行竊認知與決意及犯罪計畫和慣用手法，從問卷中去瞭解被竊區域與情境之因素，最後歸納分析提出具體的改善建議供警察機關勤務偵防措施參考以及提供民眾防竊常識減少被害，同樣可達成肅竊安民的目標。

第三節　結論與建議

作者曾於2002年度作全國汽車竊盜被害統計資料分析、汽車竊盜被害調查以及竊盜犯質性訪談，來瞭解竊盜犯犯案心路歷程及認知、竊盜犯犯罪手法、被害者車輛被竊環境因素、以及如何提供民眾防竊要領，經實施檢測調查並加分析後，獲得實證資料，作者提出下列結論與防治建議：

一、研究結論

（一）被害統計分析結果發現：

1. 0-6時及早上6-9時發生失竊最高。
2. 月份及季節性失竊並無明顯起伏變化，汽車竊盜犯行竊並沒有季節或大小月之分。
3. 以縣市人口數比率換算失竊率，則以台中市失竊率最高，其次為桃園縣。
4. 汽車竊盜犯行竊手法以破壞車鎖方式最嚴重。

（二）汽車竊盜被害調查研究結果發現：

1. 0至9時失竊率最高達51.4%。
2. 停放在道路狹小道路比道路寬道路容易失竊，比率達43.8%。
3. 住宅區失竊率最高達47%。
4. 夜間停放在有照明設備地方失竊率仍達46.9%（若扣除白天失竊佔43.5%換算比率達82%）。

5. 有監視設備失竊率只有10.1%。

6. 竊盜犯晴天犯案率達87.4%。

7. 有停車管理員看管失竊率只有1.5%。

8. 停在投幣式收費路段失竊率只有1.1%，人工收費路段失竊率11%（投幣式失竊較低與停車時間較短有關）。

9. 車主本身已小心注意（含偶而會小心）防範失竊，失竊率仍達67.2%。

10. 輛未上鎖失竊比率達51.4%。

11. 竊車主最需要警察加強失竊地區巡邏以及對慣竊、竊盜出獄人口加強監管。

（三）竊盜犯訪談研究結果發現：

1. 竊盜犯初次行竊動機以家庭經濟不佳，開始鋌而走險，後續行竊則以為錢、債務等因素繼續行竊。

2. 而竊盜犯絕大多數均是個人理性抉擇及同夥邀約集團性犯案。犯罪事前均有計畫性。

3. 在行竊風險認知方面最擔心警察巡邏查察經過以及有管理員、保全員在的地方。

4. 行竊時間大多在夜間尤其深夜更是竊盜犯最愛。

5. 竊盜犯最怕保安處分不擔心刑期，值得司法機關審判時參考。

（四）警察機關肅竊成員對現有偵防措施認知之研究結果發現，由以上的資料分析結論警察人員對目前防制竊盜工作需要加強和改進的有下列：

1. 警勤區及刑責區在落實治安人口監管部分執行不夠澈底有待加強。

2. 提升查贓功能，必須先從贓物辨識能力以及改進查贓的技巧再加強訓練。
3. 肅竊績效評比制度，固然贏得將近六成五支持，但是有三成五警察人員不贊同，因此需要再提出一套更能吸引警察人員喜歡措施，如此對提升防制竊盜工作之意願與士氣才有正面的意義。
4. 竊盜案件配分應重新檢討，如此才能激勵偵辦竊盜案件意願。
5. 竊盜案件獎勵偏低應重新檢討，藉以激勵士氣。
6. 肅竊勤務編排所佔時間偏低，顯現警察機關不重視這項勤務。
7. 必須加強肅竊專業人員培植，並加強專業知識訓練及對慣竊瞭解與認識。
8. 運用資訊系統查贓應再加強宣導警察人員廣泛使用。
9. 目前慣竊輕判，最擔心保安處分值得司法機關注意。
10. 員對竊盜案件不能監聽方式來偵查，造成案件偵辦不易，有需修法納入。
11. 銷贓方式以解體賣零件佔最多，查扣贓車保管最令警察人員傷腦筋，而八成人員認為自己轄區內遭竊嚴重。
12. 警察人員對易銷贓場所調查有待加強。
13. 現行報案三聯單制度，可有效防止匿報竊案，有二成九施測對象持不同意不贊同，可見現行報案三聯單制度，尚有改善空間存在。

二、研究防治建議

本研究發現被害車主對慣竊、竊盜出獄人口必須加強監管看法；在行竊風險認知方面，竊盜犯最擔心是警察巡邏經過，而失竊車主最需要也是警察必須加強失竊地區巡邏，可見警察巡邏是讓民眾安心所在且有一定犯罪嚇阻作用；另一方面在車主車輛未上鎖失竊比率高達51.4%，可見對民眾防竊觀念必須再大力宣導，尤其車輛停放在有停車管理員地方失竊率只有1.5%、有監視設備失竊率只有10.1%，這和竊盜犯行竊風險認知擔心有管理員、保全員出現可相互印證，因此這方面還再加強宣導才能減少民眾被害。總之從研究中發現不少問題及應興革事項，茲提出以下幾點建議，供警察機關執行防制竊盜犯罪工作之參考，分述如下：

（一）推動預防工作方面建議

1.防竊宣導

（1）宣導預防犯罪應依據地區特性、治安狀況，利用各種機會，採用適當方式，隨時、隨地、隨人、隨事實施，必要時派遣熟悉犯罪預防工作之警察人員前往高竊盜犯罪區域之商店、住家協助其改善。

（2）協請有關單位，策動民間各種社團組織共同推展，使宣導工作深入社會各階層。

（3）宣導內容力求簡明，易為大眾理解、接受。

（4）從事宣導應持續不斷、反覆實施。

（5）宣導人員要儀容整潔，態度和藹，言詞懇切，並顧及民眾之作息時間，避免擾民。

2.宣導重點事項

（1）選擇材質良好，不易被剪斷之方向盤鎖、枴杖鎖、排檔鎖上鎖。

（2）在車內隱密處，另行裝設電源暗鎖。

（3）路邊停車儘量找有收費管理員或投幣式停車格停放。

（4）長期停車應找有管理員的地方停放。

（5）深夜失竊率高，停車最好停放在有監視器或24小時商家附近，儘量避免停放在陰暗巷道處。

（6）噴砂方式將引擎號碼在玻璃或車身塑鋼，以利警方事後找回。

（7）泊車時最好將鑰匙取回保管，防止被覆製。

（8）臨靠路邊進入商店購物，應將鑰匙隨手取下，嚴防竊賊將車開走。

（9）車子停妥後記得將窗簾搖上，否則易成為竊賊行竊目標。

（10）買新車若能選擇晶片防竊或GPS汽車防竊系統，則安全性較高。

（11）時間停放車輛，車內勿留個人證件、名片資料或留言板之電話號碼，以防方便歹徒找出車主恐嚇。

（12）在附近徘徊之可疑人、車，應發揮守望相助精神，即時報案盤查。

3.慣竊列管

警勤區為警察勤務基本單位，目前我國現有警勤區將近一萬八千個，由於警勤區散布廣闊，無遠弗屆，目的在警勤區制度上設計，採劃分一定範圍，由一次固定負責查察，普遍而深入，其主要功能在掌握犯罪徵候，非其他制度所能取代，惟近年來慣竊動態查察漸流於形式，其所能發揮實質效益漸小，因此如何落實察訪紀錄及管理和動態通報，則是防竊相當重要一環，依據法務部統計竊盜犯再犯比率高達61.79%，可見在台灣職業竊盜之嚴重性。

4.守望相助推動

就整體而言有實施守望相助的地方，只要認真執行，竊盜案件均有明顯下降趨勢，此項工作有待持續努力，更待如何有效提升其力量，共同防治竊盜力量。

（1）實施教育訓練：使其具備法律常識及防身技能，並能觀察事物，提高警覺。

（2）裝備充足：例如使用手提強力探照燈，對社區內黑暗死角加以搜查，深具防竊效果。

（3）協助編組：對已編組完成者，隨時提供改進意見，對未編組之地區，督導鼓勵其社區負責人或里長編組。

（4）舉辦聯誼：對民間組織力量，每年選擇適當時間，舉辦聯誼，以增進感情，爭取向心力。

（5）適時鼓勵：對於查獲或協助查獲竊盜現行犯之巡守

員或管理員，應適時予以獎勵，以增強其榮譽心。

5.海報告示

對竊盜案發生頻率較高地區或路段、印製海報提醒，相當有必要的。舉例：台北市政府警察局中正一分局轄內南陽街補習班最多，機車失竊最多，且為數不少車主疏忽將鑰匙掛在車尚未取走致遭竊，經中正一分局用心採取以貼紙條方式提醒並代保管鑰匙，失竊車輛從最多一個月二百多輛降至百輛以下。此外，分局人力足夠類似日本警察社區報紙刊物發行給轄區內住戶，除了能將治安訊息傳播外，尚具有溝通警察與居民意見的角色，深具親民之舉。

6.廣設監視器

在國人對住宅、車輛保全收費措施未能充分了解及接受情況下，各大樓社區普遍裝設監視器對居家、車輛安全至為重要一項防竊措施。此外，為達全面監控目標，建議宜由政府編列預算或由民間力量集資捐助在重要路口或易遭竊地區、路段設置監視器，可具威嚇防範及蒐證作用。

7.推動自動感應照明設備

學校、社區車輛停車場設置相當理想，使竊賊靠近作案時無所遁形。

8.聲請羈押慣竊，有效預防再犯

依據刑事訴訟法第一百零一條之一，被告被法官訊問後，認為犯罪犯罪重大，而有逃亡或有事實足認為有逃亡之虞者，非與羈押顯難進行追訴、審判、或執行者，得羈押之。對查獲之竊盜慣犯、累犯或常業犯之嫌疑人，於移送（報告）書「對本案意見」攔內，註明「建請聲請羈押以利擴大偵辦或依法重求刑並宣付保安處分」等意見，俾檢察官得即時掌握情發展，擴大追查贓證或共犯，並向法院聲請羈押。

（二）警察執法能力提升方面建議

1.行政警察：

（1）受理民眾失竊車輛報案時，主動與拖吊，環保單位聯繫，過濾誤報失車案件。對延誤報失竊之車主製作筆錄時，敘明延誤原因，並於四聯單上書明附筆錄。

（2）受理民眾報案汽車失竊，處理員警應陪同報案之車主至車輛停放地點實施現場勘察，從中瞭解是否擋住店面門口被移動或酒醉忘記停放處所等等，防止誤報或謊報情形發生。

（3）如有發生車齡老舊車輛失竊，應詳加詢問諸如繳稅問題，經查證係謊報屬實者，應依刑法追究謊報刑責，以導正民眾錯誤之投機歪風。

（4）發現贓車時，若發生失竊時間不久，落實保全現場並報刑事組派員採取可疑指紋過濾、比對，以利追查竊嫌。

（5）對於容易失竊地點，依實務見解埋伏守候逮捕竊嫌，礙於警力長久持續性種種問題效果往往不張，不仿運用情境犯罪預防方式，如洽請相關單位加裝路燈或張貼廣告標語提醒車主或在該地點必經處所執行盤查來得有效。

（6）凌晨時是汽車竊嫌活動猖獗時刻，因車主大多熟睡，道路往來人車稀少，作案風險低，盤查點應選在縣交界、市區與郊區交界處，以及通往高速公路之主要道路。

（7）轄區內已出租之倉（庫）儲應落實清查，尤其以白天大門深鎖（含一樓公寓）內有隔板列為清查重點。

（8）落實轄區治安人口（慣竊及竊盜出獄人口）之監管查察工作，防範再犯。

（9）依據治安斑點圖對易失竊路段加強巡邏盤查防範。

2.刑事警察：

（1）提升查贓能力方面：

A.查贓組犯必須全面提升辨識車輛能力才會事半功倍，否則解體零件及借屍還魂集團定有恃無恐繼續犯案，能力提升有賴靠訓練。

B.落實清查轄區有照、無照之中古汽、機車買賣商行、汽機車修配廠及材料行，逐一查訪、佈建，過濾可疑處所，形成重點對象後鎖定監控搜索。

C.當舖流當車輛或汽車貸款公司不繳貸款放棄車輛，應加強查察並從相關資料採證工作發現不法（例：買賣委託書、讓渡書、統一發票、出廠證明、新車新領牌照登記書、行車執照、進口完（免）稅證明書、如過戶車須有新、舊車主名稱資料）。

D.轄內有走私出口贓車之廠商、報關行、拖車行及倉儲等相關業者人員之前科應紀錄建立，全面鎖定、監控，兼具查緝及防範作用。

E.電解拓模技術應充分運用以電解法方式將車身或引擎號碼重現，同時對無法電解經確認係打造過引擎號碼，可用拓模方式採取並送請原製造廠比對證明非該廠字模。

F.加強產物保險公司定期聯繫交換情資，有助瞭解更多贓車訊息。

G.利用易於銷贓行業填送之日報表，就電腦端末提供之失（贓）物資料，進行比對，發現可疑據以查贓。

（2）慣犯鎖定：

A.據報現場勘查，從實施犯罪的手段方法分析研判犯人的範圍，並從同一手法或類似手法之前科犯找出竊犯。例：竊車勒贖可採行下列步驟偵查（人頭戶開戶資料調閱並採取指紋；車輛贖回採指紋；調閱歹徒通聯分析；失竊地點附近調閱察看歹徒作案交通工具；運用財金公司系統採證）。

B.對轄內遇有竊案，肅竊小組應參與偵辦，或瞭解竊案狀況以吸取偵辦竊案經驗，增強偵辦能力。

C.蒐集轄區內慣竊特徵、做案習性、做案特性、慣用做案工具，曾經一起共同做案成員等資料，指導或提供找出偵破竊盜案之線索。

E. 對破獲之竊案應作贓物流向分析以及竊嫌犯罪期間主居所交往人物等動態做記錄，俾做日後再犯案提供偵查方向。

F. 慣竊偵辦：依據做案手法，習癖及目擊者所指認特徵鎖定特定之嫌疑人採取偵查行動以跟監、定點監控方式，在於犯行現場或其附近，以現行犯方式加以逮捕。

第十二章

科技園區竊盜犯罪防治

犯罪偵查基礎奠定其範圍非常廣泛包括實體法、程序法、警察學、犯罪學、刑事法學、刑罰學等等，若在這些科學領域有所涉略，可謂已邁向成功偵查之條件。在犯罪偵查意涵方面乃是指偵查機關基於告訴、告發、自首或其他原因，知有犯罪嫌疑時所進行調查犯罪事實及蒐集相關證據之活動。犯罪偵查必須依據刑事訴訟法及偵辦刑事案件相關規範作為辦案程序之準據。當案件發生時，如何去確認犯罪事實及釐清事情真偽，以決定是否進行訴訟。而竊盜犯罪，乃指意圖不法之所有，而竊取他人之財物者，所謂竊取是不依暴行，脅迫，詐欺等手段，違背他人之意思，而把他人擁有之財物佔為己有或佔為第三人所有，破壞其與持有物之特有支配關係的行為。園區安全調查指實地檢查園區內一切設施及所訂作業系統和流程，以查明目前安全狀況以及是否需要提供更完善的保護措施。

第一節　安全管理調查之要件

一、犯罪或損失風險的預測：依當地情況，公司經驗及專業知識，預估遭受入侵或損失的可能性。

二、風險的辨認：即使未發生損失案例，亦需能認出因實體或作業缺失所潛伏的風險。

三、風險的分析或評估：需能分析每一危險的機率和嚴重性，評估既有的防護措施。

四、移走風險的行動建議：提出具體建議，以消除或減少所發現的危險[1]。

第二節　安全管理系統

安全管理系統有三個層面，物理安全系統主要隔離作用，電子安全系統主要察覺功能，程式安全系統具有阻斷、察覺、延遲、阻斷等多種功能，而最好的安全設計，即是綜合以上三種安全系統之設計。

第三節　物理安全系統

所謂物理管理系統（physical security）利用設置物理障礙，阻礙潛在犯罪者侵入與攻擊、拖延犯罪行動所需耗費的時間與阻斷犯罪者成功侵入後所有能接近目標物的通路[2]：

一、阻止（deterrence）

在理想狀態下，好的防竊設備能阻絕大部分潛在侵入者的入侵，同時，最好也能具備偵測功能，讓侵入者在入侵當時明

---

1 高永昆、李永然，2001年，社區商場及大樓之保全與管理，永然文化。

2 許春金，2004，犯罪預防與私人保全，臺北，三民書局。

顯地暴露自己的行動。防竊設備設置抵抗的能力至少要能抵擋臨時性、突發性的入侵行為。因此，一個堅固的防竊設便可打退犯罪者侵入的念頭與行動。目標的越貴重、高價的目標物，其週邊的防竊硬體設備也就必須越堅固。因為，高價值的物品會吸引更多有備而來的犯罪者，因此，預防竊盜，堅固與難以穿越的設備，會使更多的潛在犯罪者會選擇放棄行動的念頭。

二、延遲（delay）

延遲犯罪者時間的防竊設備，具有保護財務與偵測犯罪活動並即時反應的兩大功能。若能配合設置快速偵測與快速報案系統，則就不需要太多的延遲犯罪者侵入的防竊設備。反之，若沒有裝設這些快速偵測與反應系統，則便需要能足夠拖延犯罪者的阻礙物。所以在設計防竊設備時，必須從讓物理具有的延遲侵入功能，或是迅速偵測到侵入者（或縮短察覺時間）等兩因素擇一考慮。強化防竊建材設置部分[3]：

（一）門鎖部分

1. 鎖的種類很多，鎖的構造要一體成型，不要分離式的。一體成型的鎖，竊犯要撬開就很困難。
2. 鎖心部分，製造過程當中就必須將已熱處理之鋼條平行植入鎖心內，將它頂住；鎖頭面板下層另置入熱處理之鋼板，鎖頭周邊之飾板同樣以熱處理之鋼板裝置，如此

3 何明洲，2017，犯罪偵查學，臺北：臺灣警察專科學校。

可防制電鑽破壞，讓電鑽沒有辦法貫穿。

3. 最難被打開的鎖，是結構要內縮，隱藏在門板裏面。因為結構如果在外面就接觸得到，破壞也很容易，或是容易用其他方式開啟，如果它內縮的話鎖內空間間距變長，任何的開鎖工具，它伸進去長度，越長力道就越弱，就越沒辦法去撥開鎖內裝置。使用長柄伸縮鑰匙之鎖具，且可自屋內以徒手開啟之鎖具，使用上比較安全方便。
4. 多層鎖要撬開很多層門栓，時間會延長，深具防竊作用。
5. 晶片鎖就是沒有鑰匙洞讓工具插入、讓竊犯破壞，如此少一個層面被破壞，竊犯就不容易得逞。
6. 鎖（CISA）結構內縮，隱藏在門板裏面，不容易打開；多層鎖及晶片鎖，是目前破壞難度較高，且不容易打開的鎖。

（二）門窗部分

1. 鐵門材質有不鏽鋼製、鍍鋅鋼板及鋁製的，以防盜的特性而言，還是首推不鏽鋼材質，其次是鍍鋅鋼板。而堅固的門，門裡面夾層的材料，強度要夠。門板旁邊凹進去，點焊接合密度要夠，門板較則不易被破壞。
2. 鐵門的門擋也是防盜重點。不管任何材質的鐵門，有一般一字型防撬板及ㄇ字型防撬版。當然ㄇ字型防撬門擋防盜最優，因小偷真正會開鎖的並不多，大都拿鐵撬撬開門縫，ㄇ字型防撬門擋即是針對此設計改良。
3. 門強度要高，應選擇以鋼材為主要材質。若是黑鐵的材質，它也是有鋼的材質在裡面。厚度一般都是1.0mm、1.2mm左右，當然相對的它的厚度越厚，它的強度越強，越不容易破壞。

4. 門框結構也要做防撬設計，否則就容易破壞進去。
5. 門鉸鏈強度要高，才能防破壞。
6. 格子窗不僅擁有防盜逃生功能，同時兼具美觀大方的設計，因其安全上將不鏽鋼管穿夾在複層玻璃中，再加裝高級的卡巴鎖，即便遭外力強力撞擊，窗戶依舊不會被破壞侵入，不僅有最佳的防盜功能，當意外發生時，只要將窗子輕易的左右橫拉，即能保持逃生管道的暢通，是當前民眾可選擇的標的。
7. 鐵窗以實心不鏽鋼材質，較能防破壞。

（三）引人注意（conspicuousness）

好的阻礙物不只能拖延犯罪者侵入時間，並且能讓犯罪者在侵入過程中，必須使用很大的力氣破壞並容易發出聲響，或是容易暴露行蹤，使得犯罪者因懼怕被人發現，而放棄其侵入行為。

（四）侵入與逃出（intrusion versus escape）

阻礙物不只讓侵入者難以進入建築物中，同時最好也能讓犯罪者難以把高價財務帶離建築物。例如一樓外部的物理設計，不僅難以讓犯罪者從外面翻越、侵入，也難以從內部翻越出去，則犯罪者只能從二樓窗戶進出該建築物，並且也僅能帶走方便攜帶的財物自二樓窗戶出去。所以這種反遷移設計

（anti-removal designs），可減少犯罪者侵入路徑的選擇。

第四節　程式安全系統

程式安全系統具有阻斷、延遲、偵測與拒絕犯罪者接近目標物的功能。其使用的策略有：需授權許可才可出入、接近目標物，需要多人共同合作才可進入、對目標物提供正式與非正式的觀察監控，甚或是降低、分離、分散與消除目標物等等[4]。

一、財務管制內部安全

在工業場合由於犯罪所帶來的財務損失主要是來自工作場所的偷竊。程式性的控制若能引導、約束員工活動的責任性，也就可以達到減少這類財物損失的發生，且付出的代價及困難程度並不高。犯罪預防實務人員必須謹記在心的是，在商場上所有資料和資訊的保護是很被重視的。隨著資訊科技的發展，現在有著更新更好的保存員工資料的辦法。

對於減少員工偷竊，管理層的態度是很重要的。犯罪預防實務人員應對之投入更多心血。如果我們把獲利定義為「為了達成既定目標所做到的進步」，那麼保護問題。就必須透過一連串的程式性保全來進行其犯罪預防工作。

---

[4] 張平吾、馬維綱、王瑞山，2014，安全管理與兩岸私人保全，臺灣警察學術研究學會。

二、料件檢出管理

要制定料件檢出的相應對策來處理這些有價值資源回收區料件，並且將這些規則給員工說明清楚，處理這些有價值東西將被仔細監管且會查辦到底的。

三、安全防護系統

只有在安全程式被執行來維護或觸發它的時候才能發揮效用。安全程式的關注重點如下：具個人識別之鑰匙的管制；系統啟動；系統測試與維修。

（一）管制個人識別的鑰匙：鑰匙和PINs的使用受到監控或保護是非常重要的。一般來說，這表示鑰匙只能配給絕對需要它的人，主鑰匙（master keys）的使用要被控制到最低，在一個需使用鑰匙的員工進入或離開公司時鑰匙要更換。而PINs只給少數人使用，且絕對不要把它寫下來，也不要使用生日或是其他很容易猜到的數字當密碼。

（二）系統啟動：安全保護系統的觸動必須經過一個清楚程序。一般來說，要有標準的開和關的步驟，還有在上班時間使用安全保護系統的步驟（例如關閉保險箱、在鎖上室內的某些門、搶劫警鈴或攝影機的觸動等等）。

（三）系統測試與維修：安全保護系統的使用者必須發展和實行防故障的程式來確保其安全保護系統能夠正常運作，

並且確認在系統故障的時候有備用系統可以繼續保全工作。

（四）在入侵事件被偵知或懷疑時，須有一套程式使得處理人員可以進入建築物並且調查時間，且系統本身可以接受是否為錯誤警報的偵查。而在人員發現系統無法運作時，就該有備用系統接替運作直至系統被修復為止[5]。

[5] 張平吾、馬維綱、王瑞山，2014，安全管理與兩岸私人保全，臺灣警察學術研究學會。

第十三章

校園竊盜防治

第一節　前言

校園為半開放空間，特別是大學校園，民眾利用學校空間從事運動、休閒活動，乃是經常之事。民眾進入校園容易，時有傳聞校園遭竊事件，因學校不能禁止民眾進入，為防制是類案件發生，只有強化校園安全管理，宣導學生預防犯罪方法，進而阻斷竊嫌行竊動機，使學生有一個良好學習環境。然而校園雖是半開放空間，但警察並不可隨意進入，以免影響校園「自治精神」，形成警察國家。因此，警察機關進入校園調查案件、犯罪偵查或犯罪預防，如未經學校同意，將造成干擾校園自治的不良印象，特別是大學自治精神[1]。如此將產生校園預防犯罪或偵查犯罪困境。學校與司法機關如何在不傷害學術自由，又可建立無犯罪校園環境的情況下達成共識，應是全民所樂見，學校與司法機關彼此間應互相溝通、協調，司法機關尊重學術自由，全力執行犯罪預防策略，學校摒除司法機關干

1　大法官會議釋字三八〇號，憲法第十一條關於講學自由之規定，係對學術自由之制度性保障；就大學教育而言，應包含研究自由、教學自由及學習自由等事項。大學法第一條第二項規定：「大學應受學術自由之保障，並在法律規定範圍內，享有自治權。」

擾學術自由的成見，建立預防觀念，方可建立安全校園。

依內政部警政署的統計，校園竊盜僅統計一般竊盜及汽車竊盜，機車竊盜並未納入。惟事實上，機車竊盜於校園竊盜案件中應佔最大比例，且機車又是學生交通工具，失竊後造成學生困擾與不便，成為校園安全一大隱憂。因此，校園發生竊盜，對於校園安全、學校恐懼、財物損失、領域感遭受侵害、學生學習成效及學生心理傷害均產生重大影響。如何確保校園安全，建立優質學習空間，應是學校與政府努力方向之一[2]。

第二節　校園竊盜型態

竊盜犯罪區分為不具犯罪認同感之偶發犯罪者及具犯罪專精化之職業竊盜二大類。一、偶發性犯罪者：不具犯罪認同感，其偷竊行為多是自然反應，行為不具技巧，且未經妥善計畫。二、職業竊盜：以行竊為主要收入來源，作案講究智慧與技巧，對竊盜行業具認同感，引以為榮[3]。校園竊盜原則上為偶發性犯罪，失竊物品為自行車、機車、電腦設備、一般財物等，犯罪型態如下[4]：

一、利益：行竊所得經過變賣，可以獲得利益，雖然所獲得利益不高，但卻造成被害人不便，心理恐慌。如果有不法業者為利益，參與收贓、教唆、幫助，更易使校園發生竊盜行為。因此，阻斷利益，將是防制校園竊盜發生的重大

---

[2] 參閱何明洲、方文宗，2011，整理之校園竊盜防治資料。

[3] 蔡德輝、楊士隆，犯罪學，五南圖書公司，2009年5月5版，244~245頁。

[4] 許春金，犯罪學，2007年1月，555頁。

理由。

二、作為交通工具：校園停車棚充斥著各種廠牌的自行車、機車，類型比比皆是，行竊者可能經濟上不允許，但又喜歡某種類型的車輛，在監控管制較弱，且又有多種選擇時，基於個人需求及便利情形下手行竊，並將得手車輛改裝，成為自己想要的交通工具。

三、作為犯罪工具：國內大部分罪犯大都使用汽、機車犯案，犯罪者犯案時害怕被查獲，於是行竊車輛作為犯案工具，並於犯案後將車輛丟棄。然而犯罪者行竊車輛時，仍會基於理性思考，因為校園為公共場所，加上校園如無警衛管制，行竊過程較不會引人注意，犯罪得逞率也相對較高。

四、虛榮心：竊盜案件大部分為青少年，為社會競爭力較差者，這些偏差行為青少年，在合法社會秩序中，很少有機會獲得成功，只能在自己文化追求個人地位與滿足，行竊目的不祇是可獲取物質，更可證明自己能力，得到同儕認同，滿足虛榮心。

第三節　警察機關校園竊盜防治措施

一、機車、自行車及教學資訊設備烙碼

台灣地區各警察機關自95年起實施機車烙碼，96年1月1日起政府要求新領牌機車須加裝防竊辨識碼，失竊機車逐年下降，顯見烙碼有良好成效。機車、自行車及教學資訊設備烙碼，可阻礙銷贓通路，降低收贓者意願，使行竊無利可圖，而

減少竊案發生。茲就警察機關目前針對機車、自行車及教學資訊設備烙碼情形分述如下：

（一）機車烙碼

警察機關為持續有效強化機車零組件辨識功能，增加銷贓難度，阻斷銷贓管道，以利查贓肅竊，降低失竊率，並要求動員協勤民力，發揮整體力量積極推動，以淨化治安環境，提升民眾安全感受。為達全面推廣目標，透過平面、電子媒體及政府或民間所舉辦之活動，加強項工作宣導，彰顯烙碼防竊成效，鼓勵民眾踴躍接受烙碼服務。

為有效執行機車烙碼，執行方法如下：1.運用替代役、警察志工、義警、民防人員等施以教育訓練後執行烙碼工作，制服員警則應於烙印站加強宣導及登錄接受烙碼機車（車主）基本資料。2.烙印部位以該機車引擎號碼烙碼於車燈、儀表板、左側蓋、右側蓋、後車燈、腳踏板、置物箱、前斜板、電池箱等部位。3.廣設烙碼服務站，依轄區狀況，選定人潮眾多處所（如學校、賣場、百貨公司、車站、碼頭、停車場等）設立烙印站，並得依實際執行狀況，結合其他相關勤務彈性調整。烙印站設立地點應注意避免妨礙交通，以免遭民眾反感。4.機關及學校得主動提出烙碼服務。

（二）自行車烙碼

由於國際原油價格飆漲、響應節能減碳、民眾重視健康休閒生活等因素，騎自行車風氣愈來愈盛，一夕之間炙手可熱。自行車在環境變遷的推波助瀾下，更轉變為一般健康休閒、運動取向之器材，功能設計愈發華美，其單價更可達新台幣10萬元以上，甚至更高達數十萬元。然就各類型竊盜案件中，以自行車竊盜案類最難偵查，就算偵破後，亦常因為無法聯絡車主，致使發還查（尋）獲作業產生困難。故警察機關仿傚於民國95年起實施之「機車烙碼」機制，期藉由過去的預防經驗，建置一套自行車系統管理標準化流程的偵防及發還作業，並藉由媒體及員警的宣導，使一般民眾與宵小清楚自行車車身，均有可供辨認之專屬號碼，增加一層保障與箝制銷贓上的困難，用以降低自行車竊案之發生率，也便利員警發還作業，恢復社會正義。

知名品牌自行車均有號碼，直接登錄其品牌、車身號碼、其他特徵、車主，建制於警察機關「自行車車主管理系統」；如為無車身號碼之非品牌車種，由員警提供自行車烙碼服務，於車身明顯及隱蔽處（手把、座墊、腳踏墊反光板及有擋泥板反光鈕等塑膠製品零組件，可烙印處），烙碼序號計有9碼，各碼顯示意義如下。1.前4碼為各單位刑案記錄代碼（如〇〇分局〇〇所為OD11）。2.單位代碼後，續加5個阿拉伯數字依序編碼（由各單位從00001起編碼）。員警於接獲報案後，先確定失竊自行車之車身號碼、顏色、廠牌、特徵，並通報線上巡邏員警就失竊地點附近協尋，於線上員警確定失竊且未能立即尋獲，受理員警受理汽、機車竊盜案件方式處理民眾報案，登錄「自行車車主管理系統」失竊資料。如有查（尋）獲，聯絡車主領車，並登錄「自行車車主管理系統」，辦理尋獲作業。

（三）校園教學資訊設備防竊烙碼登錄

校園教學資訊設備防竊烙碼之目的為「辨識」與「查詢」，將校園教學資訊設備烙上「分局刑案代碼及學校電話」得以「辨識」為列管之校園設備，並將設備序號建檔登錄於「貴重物品自主性登記系統」，有利警察機關循線「連結」其所有人，以查詢所有權之歸屬，除有助確認失主，尋回贓物，亦可增添歹徒銷贓之困難度，以期降低銷減少竊盜。

校園教學資訊設備防竊烙碼登錄執行方式：1.接獲學校申請防竊烙碼施作或主動與學校聯繫；2.確認施作日期：主動與欲施作學校聯繫，約定施作日期，再前往施作；3.依學校清單填寫「校園教學資訊設備防竊烙碼登記表」取得列管號碼。4.協助學校填寫「校園教學資訊設備防竊烙碼申請表」，施作防竊烙碼時，施作前後應拍照存檔以供備查。5.施作完畢，於「貴重物品自主性登錄系統」上傳完成建檔作業。6.現行供學校教學資訊設備：單槍投影機、電腦主機、顯示器、筆記型電腦、精簡型電腦、電子白板、數位攝影機及相機、網路設備（交換器）等八項物品設備。7.實施烙碼品項、使用工具及編碼原則：單槍投影機、電腦主機、顯示器等物品設備另輔加以烙碼。以烙碼機於上述單槍投影機等3項物品塑膠表面烙上「#### ********」前4碼為分局刑案代碼加上後8碼為學校電話號碼合計共12碼，做為防竊碼。例如○○分局（刑案代碼AM00）轄內○○國小（電話號碼25584819）所施作之防竊碼為「AM0025584819」。8.防竊烙碼位置，以明顯易見及不易磨滅之位置為選定原則，依實際物品設備所在位置狀態擇最適宜方式。

二、學生機車鑰匙未拔取代保管措施

有鑑於學生機車停放經常因一時疏忽，於離座後將機車鑰匙插放於機車鑰匙孔上，未及取下，造成竊嫌順手牽羊，增加機車竊盜案件，為防範此項缺失，由警察機關設計宣導貼紙，告知機車駕駛人，代保管機車鑰匙，減少機車失竊案件。

學生機車鑰匙未拔取代保管措施執行要領：1.由各警察機關於巡邏時，對於停放路旁之機車一發現有鑰匙未拔除者，先詢問附近人員，如有車主現身，請告知鑰匙勿插放於機車鑰匙孔上；若車主未現身，即抽取鑰匙，並於儀表版貼上鑰匙代保管貼紙，由執行單位於貼紙上填具單位名稱、承辦員警姓名、聯絡電話，告知機車駕駛人前來領取。2.各單位於機車儀表版張貼代保管貼紙後，於返回單位時，詳填勤務工作紀錄簿並填寫代保管鑰匙紀錄表建檔列管備查。

三、治安風水師檢測

治安風水師目的在於提供民眾居家防竊自我檢測資訊，提升學校防範意識，預防民眾被害。原則上學校失竊時實施防竊諮詢服務外，亦可主動受理申請實施防竊諮詢服務，由專業員警（防竊顧問）實施校園安全檢測，以檢測其軟、硬體措（設）施及提供建議，提升學校自我防衛意識，減少被竊機會。為提升諮詢服務之專業與服務品質，警察機關會指派專人諮詢滿意度調查，讓學校感受警察之重視與關懷，以提高民眾滿意度。

治安風水師主要檢測內容：學校放學後有無關閉並鎖上門窗；學校與附近鄰居是否保持良好關係，並經常關心周圍的狀況，互相照應；貴重物品是否烙碼，強化辨識功能，並存放在保險櫃或投保；是否裝置適當有用的警報系統並定期測試；學校鑰匙遺失時，有無找可靠的鎖匠全副換新；學校有無設置駐衛警察，確實管制校園出入人員；學校是否明瞭必要之防竊措施，並熟練緊急應變步驟；發現異樣，可能遭竊時，學校是否會先報警，待警察人員到達後，再入內檢視損失情形等。

治安風水師教導防制竊盜要領：（一）防竊係數要提高，燈光、聲響、門鎖要做好；（二）防竊要守護，治安風水師（防竊諮詢顧問）免費來服務提供諮詢；（三）小偷入侵以破壞門鎖為最，攀爬陽台鐵窗為次；（四）汽、機車防竊第一套，車身零件紋身烙印少煩惱；（五）汽機車防盜第二套，加裝大鎖防盜器、衛星追蹤器、停車位置要選好；（六）守望相助做得好，生命財產有得保。（七）防竊小撇步：依據犯罪學者研究及金盆洗手慣竊的經驗，「聲音、燈光、費時」是小偷最忌諱的三件事，如果行竊過程中，突然燈光明亮，警報大響，或是破壞侵入的時間延長，絕對是竊賊的致命傷。

治安風水師目的在於利用環境設計預防犯罪，而4D策略：「打消」犯罪動機、「阻檔」犯罪進入、「延遲」犯罪時間、「偵防」犯罪設施，為預防犯罪最佳策略，運用在預防校園竊盜非常適當，茲將內容概述如下：

（一）打消（Dispel）

就是利用各種方式，打消竊盜犯之犯罪動機，例如：有錄影監視系統的警示標誌、警民連線標誌及表示有警衛人員的標誌。學校如能做好預防功課，使潛在犯罪者評估行竊成功不高，打消行竊動機。

（二）阻擋（Defence）

就是利用各種方式，阻擋竊盜犯行竊，例如：圍牆裝設安全防護網、警衛人員盤查、登記與查核及強而具有威嚇力的電子門裝置。學校周邊建築、管制得當，小偷無從進入，而無法行竊。

（三）延遲（Delay）

竊盜犯講究的是風險，作案的時間越短對其是越有利，如何在最短時間內偷走最名貴的東西，且又不被發現，才是行竊最高指導原則。因此，延遲小偷侵入的時間，以及學校內的標的物不易被偷走，才是防範對策，例如：學校設置保險櫃，保險櫃底座栓死，讓小偷不容易搬走。

（四）偵防（Detect-and-Prevent）

就是使用各種設備，預防和偵查犯罪，例如：裝設監視器除能嚇阻小偷的動作外，萬一發生遭竊，監視器可以錄下整個犯案過程，有利破案；門鎖加裝警報器，可嚇阻小偷繼續行竊；感應式照明燈，可制止小偷靠近。因此，學校可於出入口及重要器材設施加裝錄影監視系統，以作為預防及偵查所需。

四、校園安全檢測評估

校園安全環境檢測評估主要在於防制毒品、不良幫派勢力入侵校園，事先消弭校園暴力事件，發覺潛藏犯罪傾向者，提昇學校自我防衛能力，透過科技設備監視及警察機關、駐衛警察監視，縝密建構共同維護校園師生安全機制，以營造安全、健康校園之教學環境。落實校園安全環境檢測項目，可以淨化校園環境，建立優質學習空間，對於有意進入校園行竊者，因校園環境改變，放棄行竊，茲將做法分述如下：

（一）校園安全環境檢測評估內容區分為：發覺潛藏犯罪傾向者、提昇合適的被害人自衛及處遇能力，及強化嚴密保全監視功能等，經評估分析，將檢測情形告知學校，並提出建議改善，茲將檢測內容分述如下：

1. 發覺潛藏犯罪傾向者：發覺潛藏犯罪傾向者區分為治安熱點地及治安熱點人。治安熱點地在於檢測學校週邊八大行業設置狀況、有無八家將等民俗藝陣聚集處所、有無收容逃學逃家之問題家庭、有無施工工地；治安熱點人在於瞭解學校僱用警衛、保全人員、廚師等有無前科，學校轄區附近有無妨害性自主、擄人勒贖、飆車前科犯，中輟生及不良學生，及危害滋擾之潛在犯罪者。
2. 提昇合適被害人自衛及處遇能力：檢測學校有無實施兩性平權及教授婦女防身術，學校遭遇不法危害有無通報系統及成立應變小組。

3. 強化嚴密保全監視功能：評估警察機關對學校巡邏安全維護情形、學校轄區有無成立巡守隊、校園有無校園志工及巡邏情形，與學校學區有無成立安全走廊。另評估學校周邊、出入口照明設備情形，有無設置監視系統，監錄系統運作狀況及保管情形。

（二）勤務要求與執行重點

1. 確實清查、嚴格取締校園周邊五百公尺內違規、違法營業致易衍生少年學生不良行為之舞廳、酒吧、PUB、色情KTV、夜店、賭博電玩、網路咖啡店等不良（當）場所並蒐集建檔列管。
2. 員警應利用各項勤務機會，深入諮詢布置清（調）查轄內不良幫派組織與民俗藝陣（含八家將、金龍陣、花鼓陣、轎班等），有無以暴力脅迫、毒品控制或金錢利誘等方式吸收學生與中輟生加入，介入校園發展幫派組織等不法情事，並蒐集建檔列管。
3. 警察機關每月一次訪視或電話聯繫學校之警衛、軍訓教官、訓（輔）導或值日有關人員，確實填寫訪視聯繫表，並請受訪視聯繫人於訪視聯繫表簽章備查，以瞭解校園學生生活狀況，發掘問題，予以適切處理。
4. 警察機關應按各級學校所送寄居校外學生住居所名冊，於每學期開學後一個月內全部普查一次，再不定期訪視聯繫維護其安全，確實填寫寄居校外學生安全訪視記錄表，並請受訪視學生或屋主於訪視記錄表簽章備查。
5. 會同學校訓導人員，針對學生上、下學所經路線，規劃警察巡邏路線及校外家長導護駐點，協請交通服務隊、義交、愛心媽媽等配合校方規劃學童上、下學接送區及路隊編組，隨隊維護，暨結合校園周邊商家、住戶、二十四小時超商、愛心商店、警察服務聯絡站、交通崗等處所，建構安心走廊並繪製路線圖（每一學校應規劃一條以上安心走廊，路線長度以一百公尺為原則），共同保護學生上、放學安全。

6. 蒐集清查分析過濾轄內易生危害校園安全之精神病患或曾犯妨害性自主罪、擄人勒贖等治安顧慮人口資料予以建檔列冊，加強監管、追蹤，掌握其動態，防止再犯。
7. 在校區附近廣設巡邏箱，加強巡邏各校園周邊治安死角，對未設駐衛警察之學校園區，特別注意加強早晨、中午、黃昏、深夜之巡邏勤務，澈底查察掃除學校附近之不良少年及幫派分子，淨化校園周邊安全空間。
8. 配合學校需求，定時或不定時進入校園，協助校園安全維護；對侵入校園騷擾學生之不良少年，應迅速派員依法查處，並責令其家長嚴加管教。
9. 加強各級學校校慶、運動會、園遊會、畢業典禮、學測或其他校際活動等重點期間之校園內外巡邏安全維護工作。
10. 警察機關應配合學生校外生活輔導委員會暨其分會，與各校訓導人員組成聯合巡察隊、組，查察少年學生易聚集、滋事及出入不良（當）場所，發現有偏差行為者，適時予以勸導、處理。
11. 為有效預防不良及虞犯等偏差行為，除利用巡邏查察等各種勤務經常注意勸導、檢查、盤詰、制止外，於週末例假日及寒暑假期間，並協調主管教育行政機關邀集學校、社會團體派員，組成聯合查察隊、組，加強實施上開工作。

校園防竊檢測重點包含鎖、門、窗及其他如照明、警報器、CCTV等，有關檢測內容詳如以下學校防竊安全檢測報告表：

一、鎖的部分

□1.鎖的構造是否一體成型，不要分離式的構造。

□2.鎖心部分有熱處理之鋼條平行植入鎖心內；鎖頭面板下層另置入熱處理之鋼板，防制電鑽破壞。

□3.多層鎖（三道門栓以上），不容易被打開。

□4.晶片鎖就是沒有鑰匙洞讓工具插入，不容易被打開。

□5.鎖結構是否內縮方式，隱藏在門板裏面。

□6.具有警報器聲響的鎖。

二、門的部分

□1.不鏽鋼材質門。

□2.鍍鋅鋼板材質門。

□3.ㄇ字型防撬門擋。

□4.門鉸鍊強度高。

□5.門板厚，門扇夾層內之鋼格結構密度，以鋼格厚度大且結構密度高之門。

□6.大門裝設有警報器。

□7.大門裝設紅外線感測器之閃光照明燈，當有人經過時會啓動。

三、窗的部分

□1.實心不鏽鋼鐵窗。

□2.氣密窗有格子裝置及保護網，裡面還要有不鏽鋼及內門栓裝置。

□3.逃生窗鎖扣及鎖的堅固性強。

□4.氣窗是否有不鏽鋼材質護條。

四、其他部分

□1.行政大樓裝設紅外線感測器之閃光照明燈，當有人經過時會啓動。

□2.學校後門，建築空間明亮，照明充足。

□3.學校側門，建築空間明亮，照明充足。

□4.安全梯自然通風採光設計，逃生門自動歸位警報系統。

□5.梯廳自然通風採光設計及低台度開窗設計，CCTV裝置。

五、租屋安全認證

校園竊盜預防之範圍，除校園外，應包含在校外之學生居住處所，特別是大專院校學校宿舍有限，學生必須在外租屋，警察機關如能結合學校，對學生租屋狀況加以認證、評估，於防止學生遭竊，及居住安全必有所助益。因此，租屋安全認證可以建立社會安全網絡，強化治安；推動「租屋安全認證」，結合社區治安與學生校外安全需求，以社區警政概念，強化警勤區經營效能，建立警民夥伴關係，共同維護社會治安，達到預防犯罪之目的。警察機關接獲學校提出申請後，協助校方進行現地勘查，並辦理租屋安全認證工作，有效維護校外租屋學生之安全，並達成強化社區治安及預防犯罪之任務。

（一）認證對象及申請流程

1.認證對象：

合法建築物可提供學生10人以上租住，經所有人同意提出申請認證者；非合法之建築物均不予認證。

2.申請流程：

（1）學校告知並提供房屋出租業者有關「租屋安全認證」辦法與資料，並鼓勵房屋出租業者主動提出申請認證。

（2）由房屋出租業者檢具建築物所有權狀（或委託書）、合法建築物（非違章建築）切結書、消防安檢合格證書等，以書面（申請表如附件1）向學校學生輔導組提出申請。

（3）經學校彙整、初審後，轉送警察分局複審。

（4）警察機關複審後，派員會同學校代表及租屋業者，依址勘查、檢核後由學校及警政單位（分局）共同評定等級，並請學校製作認證標章，由轄區分局會同用印後，核發予合格業者。

（5）請學校將合格出租業者認證資訊公布於學校網站或佈告欄，提供學生（家長）租賃參考。

（二）認證標準及等級

依租屋建物之防盜、防竊、消防、逃生安全及內部管理設施、缺失改善效率等為主要標準；公平契約、周邊環境、交通安全、建物結構為次要標準，採5級認證，以1~5顆星號代表；未達標準者，不予認證。核發標準如下：

1.門禁安全：

（1）建物出入口、出租房屋之門窗有無安全牢固之門、窗及鎖具（非一般之喇叭鎖、銅鎖）裝置。

（2）出租房屋之房鎖如係一般之喇叭鎖、銅鎖者，有否裝置由室內控制之門閂或安全鍊條。

（3）是否有常駐之專責保全人員或管理人負責門禁管制。

2.停車安全：

（1）建物是否設有專屬停車場，是否設有感應或固定式照明、錄影監視器或門禁管制者。

（2）建物外部或週邊有非專屬停車場所，是否設有感應或固定式照明、24小時錄影監視器及安全牢固鎖具（非一般之喇叭鎖、銅鎖）裝置。

（3）建物是否有特殊安全辨識（刷卡、密碼、指掌紋、眼瞳、掃描器等）設備管制門禁。

3.管理安全：

（1）建物是否有政府立案之保全公司24小時派駐專責人員管理。有無設置保全防盜設備或有專責常駐管理人（屋主、棟長）同住管理。

（2）是否訂有詳細之住宿管理規則或自治公約，明定電氣、天然或液化瓦斯設備使用限制或使用安全、夜間噪音管制等注意事項、禁止容留非承租人住宿、禁止擅自使用電器、液化瓦斯、禁止存放危禁物品、禁止飼養寵物、夜間噪音、門禁管制等。

（3）對於非學生之外來人口住宿名單資料，能否於出租後即時以電話、口頭、書面、電子郵件提供學校通報派出所核對身分。

4.消防安全：

（1）是否使用CNS、TGAS合格之電氣、天然瓦斯或液化瓦斯熱水器，其裝置是否適當，瓦斯熱水器是否設於室外或通風良好處；如設於室內有無裝置強制排氣設備等。

（2）是否裝置足夠而有效之煙霧偵測警報器、一氧化碳偵測警報器、滅火器或消防栓等器材以及緊急逃生通道、防火門或高樓緩降機等逃生器材。

（3）是否能隨時教導承租學生熟悉逃生路線及相關滅火設備使用方法或舉辦消防滅火及逃生演習。

5.建物安全：

（1）是否具有主管機關核發之房屋使用執照、出租房屋非屬違章建築切結書。

（2）是否每年投保建物公共安全保險並提供投保證明。建物是否經建築師或結構技師或其公會評估認定建築結構安全證明書等。

6.契約公平：

（1）屋主能否提供政府版本或公平合理之房屋租賃契約書或有無不當收費情事。

（2）屋主是否瞭解出租房屋之管理或設備，例如瓦斯熱水器、消防逃生設施如有重大缺失肇生公安事故致人傷亡者，屋主或管理人應負相關民、刑事責任。

7.環境安全：

（1）內部環境：出租房屋之內部環境是否維持整潔，採光及通風是否良好，1年內有無發生重大公安事故致人傷亡情事。

（2）周邊環境：周邊環境是否單純，100米範圍內無特種營業場所，道路交通設施及動線是否規劃良好，1年內有無發生重大交通事故致人傷亡情事。

第四節　校園竊盜防治策略

一、校園防竊預防宣導

「預防重於治療」，校園竊盜案件發生，部分原因為學校疏於防範，為減少犯罪，預防宣導就顯得格外重要，透過警察機關或大眾傳播媒體，提出預防犯罪因應之道，使學校所有人員得以提高警覺，保護己身財產安全，避免遭受不法侵害，進而積極參與竊盜犯罪防制工作，共同建立安全無虞校園環境。預防校園竊盜重點如下：

（一）學校定期派員參加警察機關治安會議：學校可瞭解轄內治安狀況，掌握治安動態，預防竊盜案件發生，並可瞭解當前犯罪手法，返回學校加強宣導，以預防被竊。

（二）要求學生汽車、機車、自行車加大鎖：犯罪不可能被消滅，只能降低，竊盜犯行竊時考量便利性，當有多部車輛可以行竊，竊嫌會選擇阻力最小、時間最短、危險性最低的下手，如果學生將汽、機車加大鎖，被竊可能性將降。

（三）製發辨識貼紙，張貼於自行車上：自行車張貼辨識貼紙，竊嫌行竊後必須除去，去除後仍留有痕跡，竊嫌會感到麻煩，而選擇沒有張貼貼紙自行車下手，可降低竊嫌偷竊之機會。

（四）持續宣導機車、自行車烙碼：持續有效烙碼機車、自行車，增加銷贓難度，阻斷銷贓管道，以利查贓肅竊，降低失竊率。

二、駐衛警勤務強化作為

目前大學均有設置駐衛警察，高中以下則部分設置駐衛警察，部分申請替代役或臨時人員擔任駐衛警察工作。駐衛警功能在於管制校園門禁，防止不相關人員進入，及發生治安或災害事件緊急通知相關單位前往處理，對於學校安全，防制竊盜案件發生，有一定功能，但因政府經費拮据及替代役人員不足，以致無法全數設置，校園無形中成為犯罪者容易下手的處所，因此，設置駐衛警察乃當務之急，並要求以下勤務作為，以防制竊案發生：（一）對於進出校園應予管制，設簿登記，以防止竊嫌進入校園犯案。（二）發生案件應迅速通報，以掌握破案先機。（三）學校應擬定緊急應變計畫，訓練駐衛警等人員，以應付突發事故。（四）不定時校園巡邏，發現可疑適時處理及通報。（五）設置緊急安全按鈕，駐衛警接獲通知，立即前往，以保障校園安全。

三、增加校園巡邏密度提高見警率

所謂見警率仍在人口密集的公共場所、住宅區或車站、市場等人潮眾多地區，由穿著制服的警察，往來穿梭巡邏或駐足守望，增加警察的能見度，讓想犯罪的人無法心存警惕而不敢犯罪，減少犯罪機會。警察機關針對學校週邊較易犯罪場所，運用警察各項警用裝備，如汽車、機車、自行車等，在犯罪熱點（Hot Spots）加強巡邏、守望勤務，增加警察人員及裝備的曝光度，讓想犯罪的人以為警察就在身旁，進而嚇阻犯罪動機。警察機關校園巡邏密度提高見警率具體作法，仍依治安斑點圖資料分析，找出治安熱點，加強重點時段及地區的巡邏、守望等勤務，以有效嚇阻犯罪。必要時並設置機動派出所，實施巡邏、重點守望勤務，適時疏導交通，維持秩序，加強校園週邊提高警察巡邏密度，以增加學校安全感。

四、建議學校增設電子監視系統

科技進步設置電子監視系統已被視為改善治安的一帖良藥，透過電子裝備，潛在的犯罪者主觀認為增加被察覺可能性而放棄犯罪，也可以鼓勵潛在的受害者採取安全預防，並且促使警察和安全人員阻止犯罪。「監控」在犯罪學情境預防原理中一直扮演相當重要角色，其強調以較有系統且完善之方式，對容易引發犯罪之環境加以管理、設計或操作，以預防或阻絕犯罪發生[5]。

第五節　結論

建立無竊盜學習環境，應是國家責任，也是學校的責任。

---

[5] 楊士隆、李宗憲，錄影監視系統與犯罪防制，收錄於2006全國保全論壇論文集，頁21-1~21-2。

校園竊盜預防要能有成效，應全校總動員，適時教育所有成員防竊方法，增加保護因子，減少危險因子。許多校園失竊案件，經常為學校缺乏防衛能力或是疏於預防，因此，學校應強化自我防衛能力，如設置駐衛警察管制校園出入、增設錄影監視設備、以嚇阻潛在犯罪人著手犯罪、重要設備強化安全管理，增加犯罪困難等，以減少竊盜案件發生。同時配合警察機關預防作為，如機車、自行車、重要資訊設備烙碼、校園安全檢測評估、租屋安全認證、治安風水師檢測、學生機車鑰匙未拔取代保管措施等作為，應可增加竊盜犯罪困難，達到預防效果。政府重視校園安全，並向校園竊盜宣戰，將防竊具體作為，警察破案經過，透過媒體報導，必能減少竊盜案件發生，對於準備於校園行竊者，在理性考量及風險評估，一定會放棄在校園行竊，達到預防目的。

第十四章

防竊宣導

本章節主要在提供一些防竊常識，小偷防不勝防，除了要有很好防竊設備外，民眾提高警覺亦相當重要，財團法人吳尊賢文教基金會七十三年十月印製防竊手冊以來，深受民眾肯定，本章節引用該手冊內容，加上作者在實務運作經驗，提出一些防竊淺見彙整下列原則，若能遵守應可減少被竊機會。

第一節　住宅防竊

一、外出時或每夜睡前，一定要檢查門窗並上鎖。

二、貴重物品不可放置明顯處，應妥加收藏。同時，若有可能，應做上暗號，或將它的特徵、型式、編號記下，或拍照存證。

三、失竊後，不可因價值少或無信心追回而不報案。分局或派出所電話號碼應抄記在電話旁，以便有事聯絡方便。

四、公共照明或報案設備如有損毀故障，應立即報請檢修。

五、如裝有鐵門鐵窗，須考慮危難時之逃生孔道。選擇鐵材要粗厚，裝設要由內而外，並且不要留有空隙。

六、房舍門窗除採光和通風所需外，應儘量少設少開，以減少防竊上的困難。

七、應多與鄰居交往，彼此守望相助，減少被竊的機會。

八、公寓樓梯通往屋頂陽台的門，以及樓梯間三不管的地帶，常為竊賊來去的地方，應派人負責管理，或定時巡察。

九、配打住宅門窗鑰匙時，最好親自前往。

十、住宅附近如有陌生人打轉，行跡詭異，或有不明來路的車輛停放，尤其攜帶無線電對講機者，需提高警覺。

十一、送貨服務，家庭修繕人員按鈴或敲門時，應確定來人身分，不可隨便放入，進入屋裡後，最好親自陪同檢修。

十二、大門應裝置「眼孔」和「門鍵」、「迪門」，以便開門前可辨別來人。避免敞開大門，使外人有觀察屋裡陳設的機會。

十三、家裡遇有外人按錯門鈴的現象時，須提高警覺，這可能就是竊賊投石問路，探查環境的方式。

十四、電話常是竊賊打探的工具，故儘量少讓外人知道，接獲不明電話時，也不可透露家裡情形，以免竊賊所乘。

十五、剛建立的新社區或住宅大廈，左右鄰居稀少，相識不多。除非必要，不必急著搬入，最好裝好防竊設施（裝設要由內而外），一切布置妥當後，再行搬入。

十六、房子改租他人時，應更換門鎖和防竊設備，並記下前房客家人的有關資料，租用他人房子時，上述措施也非常重要。

十七、平時隨時攜帶的門鎖，不可亂丟，以免他人有意仿造，其後果將不堪設想。

十八、裝設大型信箱，固可容納較多郵件，但應儘量避免可從窗口伸手或伸物打開自動門鎖。

十九、夏天使用冷氣機時，應提高警察，儘量避免一家人共處一室，使小偷有機乘虛而入。

二十、好鎖是值得購用的，因為它使小偷花更多時間和精神，心理上感覺沮喪，也即增加被抓的機會。

二十一、活動樓梯不可隨便放在屋外，如無法收藏在屋內，也一定要上鎖。

二十二、鄰近如有蓋房子，竊賊常利用以觀察你的屋內，而後行竊，因此門禁及窗廉均需緊閉，以免小偷可打探和行竊。

二十三、通風口要儘量做得小，並加裝鐵條，以免小偷由此爬入作案；樓上排水管的裝設，也要做得不讓小偷有攀爬的立足點。

二十四、不清楚身分的人通報「家人在外發生車禍」或其他不幸事件時，需提高警以防通報者是個騙子。

二十五、禁止幼兒於胸前或書包明顯處掛鑰匙，嚴防壞人尾隨進入，並交代小孩對陌生人不要開門讓其進入。

二十六、家裡有貴重東西最好租銀行保管箱存放，萬一沒有也應將貴重東西分散藏放，遭竊時較可避免損失慘重。

二十七、對講機按鈕有被做記號者，可能是歹徒已勘查過做為行竊對象。

二十八、社區大樓有住戶遭竊（盜）應貼公告於出入口明顯處提醒其他住戶提高警覺。

二十九、單身小姐住處鞋櫃不妨擺一雙男人鞋子欺敵。

三　十、商業住戶，尤其是套房出租大樓公寓，因來往份子較複雜要有警覺性，尤其對陌生人應隨時注意。

三十一、家中鑰匙不要擺放在鞋櫃內、門框上、腳墊底下以及樓梯間消防栓箱內。

第二節　獨門、獨院住宅防竊

一、僱用人員，須充分了解他們的背景。離職，也儘可能更換門鎖。受僱幾天就藉故離職的，極可能是竊賊的同夥，不能不防備。

二、衣著華貴、高級住宅、名牌轎車都是竊賊的目標，因此，切忌過份炫耀而惹眼，引來盜難。

三、家中的防竊設備及裝置，應請防竊專家或信用可靠的保全公司加以鑑定和改進。

四、獨門大宅，面積廣大，不易照顧，養隻訓練過的狼犬，有益安全。

五、使用自動「電話答錄機」時，切忌在留言中說出自己何時回來，以免竊賊有充分下手的機會。

六、花園種植樹木花草，應加選擇，如無特殊目的，不宜選擇過於繁雜隱密的植物。造園設計亦應減少視線死角；喬木應避免種植牆邊，便於竊賊攀爬。

七、大門之內、主屋之外，入夜應打開照明設備。

八、姓名不要標示在信箱或門上，以免竊賊藉此查得電話，打探虛實。

九、屋裡無人，或人皆到後院時，一定要注意前門是否關上上鎖，以免歹徒乘機潛入。

十、庭院內裝設監視器，讓竊賊無所遁形。

十一、養一條經訓練之看門狗，狗在居家安全尤其是獨棟別墅或農村。扮演著相當重要的角色，牠可以有效發揮嚇阻作用。

第三節　平常外出時防竊

一、全家出門時，避免全體在外乘車，讓人知道是全家外出。

二、平時全家外出而無人時，白天可打開收音機，晚間打開電燈。收音機與電燈若配合定時開關機器，時開時關，則效果更佳。

三、避免一家人共用一把鑰匙，或將鑰匙藏在門框上、鞋櫃內、花盆下，竊賊發現，後果將不堪設想。

四、窗簾用以防止竊賊窺視屋內情形，拉上窗簾，再配合電燈和收音機，效果加倍。

五、不可輕易透露外出的消息，不經易地洩露給認識不深的人，也會釀成盜難。

六、車庫要關閉。洞開的車庫，而又沒有車輛，就是告訴小偷家裡沒人。

七、外出時，家人可互相配合調整，儘量不要常常沒人在家。

八、請鄰居、守望相助巡守員代為關照。

九、外出時將警報系統與鄰居或守望相助崗亭相連接。

十、住戶暫時外出（例：夜間倒垃圾）亦應隨時將門關上嚴防壞人趁隙進入。

十一、鄉村、都會區老社區，因大多有老人家在失竊率較低，而新興社區小家庭較多，夫妻同時上班亦多易遭竊，因此不妨邀請父母同住，可一舉數得。

第四節　長期外出時防竊

一、舉家遠遊，切忌在門上張貼「主人外出……×日回來」等字樣的通告。

二、訂閱的報紙、雜誌、及訂講的牛奶，在遠行前，須通知停送，郵件包裹則請鄰居代收。

三、貴重物品應寄放銀行保險箱，或暫時化整為零散放在安全隱密的地方。

四、新婚夫妻住宅，切忌在門楣上貼「囍」字。剛結婚時，嫁妝豐富、家具嶄新，再加上蜜月旅行，等於是替小偷製造行竊的機會。

五、找個可信賴的鄰居，請他代為注意，或請親朋好友暫時住人看守房子，且須叮嚀對不明人士的詢問，不必告訴詳細的行程。

六、旅行前，將防竊鈴、警報系統等設定妥當，並加以測試。

七、旅行期間，電話不可切斷，裝成為「講話中」的訊號可避免歹徒利用電話打探虛實。

八、窗簾拉上有助防竊，但悉數拉上則易顯示無人在家的跡象。選擇一兩個無法窺覦內部的窗簾，以示有人在家。

九、長期外出，將電話鈴響聲音調小或關閉。

第五節　工廠防竊注意事項

一、嚴格檢查進出人員與車輛。

二、休業時間，應有輪值人員留守，並注意巡視。

三、工廠應有詳細周全的防竊計畫，並實施操作演習。

四、警衛安全人員，應加以防竊的專業訓練。

五、倉庫應設精密的防竊系統。

六、工廠周圍，應有良好的照明設備。

七、可以飼養警犬，幫助看守。

八、與派出所或守望相助崗亭密切聯繫。

九、選擇信譽良好，制度健全的保全公司保全。

十、倉庫鐵捲門應有斷電系統設施，嚴防竊賊用無線掃描器開啟。

十一、堆高機最好在暗處打上記號，以利日後認贓，並用鐵鍊上鎖，讓小偷無法輕易開啟。

第六節　珠寶店防竊注意事項

一、珠寶店與藝品店，是竊賊最樂於光顧的地方，夜間應由機警的人留守。

二、設置厚重的鐵門及防盜系統，並注意檢修。

三、最好向信譽良好，制度健全的保全公司投保。

四、店內職員應熟知與警察聯繫的方法。

五、若遇有三、五人一組入內選購珠寶，應防調包，以及被聲東擊西，趁機行竊。

六、店內鑰匙，最好由老闆自行保管。

七、對於突發的事件，須有應變的措施與能力。

八、應防止宵小於打烊關門前，躲藏於店內。

九、珠寶店打烊「關門後」，才將貴重物品藏在保險櫃或其他隱密處所。

十、應熟知貴重物品的特徵，萬一失竊，有助於查贓。

十一、每天打烊後，拿珠寶回家時，千萬要注意路上的安全，嚴防被釘上。

第七節　藝術品、文物防竊注意事項

一、對每件收藏品及作品，要建立檔案資料習慣，包括照片、尺寸、材質。萬一失竊，在同業的消息管道及警方留存檔案，具有嚇阻下游收贓的效果，一旦查獲，也能立即認贓。

二、非有必要，最好別讓閒雜人到藏寶重地參觀，即使是認識的人，也要略為留意觀察其人平日往來對象及素行，以免引狼入室。這種情況最容易發生在收藏家讓別的收藏家來分享切磋自己收藏或者是藝術家讓慕名的買家登堂入室來看作品。

三、家中有重要寶物，最好有保全措施或良好硬體防竊設備，一方面降低竊賊行竊意願，畢竟竊賊找容易下手的地方本身安全度高，不必挑難度高冒險，另一方面若有保全即使被竊，也能獲得一定程度的賠償。

第八節　百貨公司與超級市場防竊注意事項

一、在假日人潮洶湧時，工作人員提高警覺。

二、於適當的地點，裝置閉路電視或反光鏡。

三、當顧客索取統一發票，店員必須離開專櫃時，應提防乘機行竊。

四、收銀處應設防盜警鈴，按鈕要裝在適當位置。

五、僱用員工，注意其品性，避免監守自盜。

六、在公司內張貼警示標語，或明示獎勵檢舉，以遏阻客人順手牽羊。

七、注意藉機與店員磨嘴皮，企圖趁機下手者。

八、加強從業人員的服務態度，避免引起報復性的竊盜行為。

九、注意停電時的防盜措施。

十、注意孩童的出入，他們可能被利用行竊。

十一、注意突發事件，如有人大聲爭吵，謹防聲東擊西。

十二、請顧客將手提袋放在寄物架上，再進入超級市場。

十三、易於夾帶的貴重物品，儘可能以專櫃擺售。

十四、由便衣人員佯裝顧客，巡視於內。

十五、打烊前，澈底檢查每一個角落，尤其是廁所、貯藏室，勿讓宵小藏身，入夜行竊。

十六、打烊時，注意門窗是否安全上鎖。

十七、打烊後，應有人值夜留守。

第九節　一般商店防竊注意事項

一、櫃台宜設置在適當的地方，可以清楚地觀察顧客的行動。

二、顧客眾多時，謹防混水摸魚。

三、張貼警告標語，如「偷竊依法嚴辦」。

四、商品要加入註記，以免引起糾紛。

五、物品賣出，應加以包裝。

六、商品密集區，最好成立「夜巡小組」，守望相助，以防竊賊夜間行動。

七、商店內的金庫，切忌貼牆而立，因為竊賊可由背面挖空，席捲財物。

八、設置防盜系統。

九、當聽到汽車引擎聲、喇叭聲或其他噪音連續不斷，應提高警覺，避免竊賊利用噪音掩護偷竊。

十、打烊時，應關門點數鈔票，以免引起他人不良企圖。

十一、打烊後，若不留人守夜，應留一盞燈，表示有人在。

十二、營業時間外，所有貴重物品切勿放在展示櫥窗。

第十節　重型機械及農場設備防竊

一、使用安全的方法，如上鎖裝置，上鎖固定器和關閉燃料的真空管。

二、記錄所有產品的識別碼並參加鑑識設備的活動。

三、描述所有的設備，要特別注意獨有的特徵，像是凹痕印花樣、刮痕以助日後的辨識。

四、把設備放在充足的光線上並在工作及設備場內設立防禦區域，把農場設備鎖在有保全的建築物或上鎖的密閉空間裏。

五、隨時都知道建築物及農場設備的位置。

六、保留關於設備位置以及它會持續放在某個特定位置多久的法律強制通知。

七、在週末採取額外的預防措施，大部分的設備會被偷竊都發生在星期五晚上六點到星期一早上六點之間。

八、不要把鑰匙留在任何需要鑰匙的設備上，不使用時，鎖上所有可以上鎖的機器。

九、馬上向執法人員報告可疑的活動，像是有陌生人在拍設備的照片。

十、其他還有一些減少或預防偷竊的方法，在一些重型設備上打上自己的識別碼，以利註冊，並在幾個印花處銲接上自己的號碼（Charles. R. S. & Neil. C. C. & Leonard T. 1996）。

第十一節　防扒注意事項

一、乘車時

1. 不管在公車上或人潮擁擠的地方，感覺有人在推擠時，扒手就可能在身邊。
2. 在人潮擁擠車上，不要爭先恐後，因爭先恐後容易會忘記注意所攜帶錢包及貴重物品。
3. 當有人故意用手肘或膝蓋碰撞你的衣袋、褲袋、皮包等部位時，應提高警覺。

4. 金錢財物最好放在衣服內部特製的暗袋裡。
5. 女士皮包應切記不離身，將皮包抱在胸前。
6. 男士後口袋做拉鍊，扒手較難伸入扒竊。
7. 在車上最好勿入睡。
8. 貴重東西最好不要擺在車上行李架上。

二、百貨公司購物時

1. 切忌擠進人潮擁擠之處趕熱鬧。
2. 電梯間人潮擁擠時，應特別提防身邊人。
3. 女士手提包最好選用雙層拉鏈，並將金錢放在內層。
4. 選購商品、衣服膺特別注意周圍的人，如果有人藉口與妳談話，要特別注意提防被扒，女扒竊經常利用妳選購衣服不注意時打開妳的手提包扒竊財物。
5. 女士選購衣服到更衣室試穿衣服時，勿隨便將手提包放在櫃台上，容易被竊走，目前百貨公司發生案例最多，希望女士們將手提包帶入更衣室或交同伴（或店員）保管。

三、夜市防扒

1. 有把手手提包，單手窗過拔手，同時將另一手置於手提包上保護。
2. 後背包往前背，雙手置於背包上。
3. 腰包往前背，置於肚臍位置，雙手護住包包。
4. 皮夾放於胸前襯衫口袋或外套口袋。

第十二節　汽車防竊

一、汽車防竊第一課就是選擇材質良好，不易被剪斷鎖，鎖住方向盤，離合器及剎車等的拐杖鎖最令竊賊討厭。如有可能，車主最好能裝上「兩付」。

二、加裝防竊設備（如遙控防竊或警報器之類），這對竊賊具有嚇阻作用。

三、汽車門的卡筍，宜使用圓形或光滑者，竊賊將不易由門外以細小鋼絲勾開車門。

四、最好於車內隱密處，另行裝設電源暗鎖，防止他人將車開走。

五、路邊停車儘量找收費站停靠，有人看守，安全及放心，切勿亂置。

六、夜晚車輛失竊率高，尤其三至六時，停車最好選在光源明亮顯眼處，避免停在陰暗巷道處。

七、修車或保養車子應找信用可靠的修車廠，以免修車廠技工複製鑰匙而偷走車子。

八、租車與人或他人借車，應注意其人品性，以免鑰匙被覆製而偷走車子。

九、修車最好換新零件。根據調查，車子遭竊，零件易於銷贓乃為主因。

十、切勿貪小便宜，購買來路不明的汽車，既犯法（贓物罪），又缺德，且後患無窮。

十一、貴重及可以攜帶之物品，應隨身帶走，不可留置車內。

如非不得已，亦應置於車後行李箱，並緊緊上鎖。

十二、噴砂方式將引擎號碼噴在玻璃或車身塑鋼。

十三、儘量避免單獨一部停放，否則小偷打不開乾脆用拖吊車拖走。

十四、泊車時最好將鑰匙取回保管，防止被覆製。

十五、臨靠路邊進入商店購物，應將鑰匙隨手取下，嚴防竊賊伺機將車開走。

十六、車子停妥後記得將窗戶搖上，否則易成為竊賊行竊目標。

十七、購買新車若能選擇晶片防竊或GPS汽車防竊系統，則安全性較高。

第十三節　機車防竊

一、最好的防竊辦法即自己費神停在家中，勿放置騎樓或門外。因竊賊常以小發財車，將機車整輛搬走。

二、機車如停於門外或騎樓，最好多重加鎖（即前、後輪和把手均上鎖）。

三、機車停放好後，應左顧右盼，注意附近有無人窺覦。

四、不要因為停放短暫時間，而忽視停靠地點及未上鎖。最好能內鎖油門、短切電路，防止竊賊開走。

五、上班或出門在外，應多多利用汽機車保管場，將車寄存保管。花費小錢，卻有人代為保管車輛，可減少被竊的心理負擔。

六、新機車底盤、引擎噴上黑漆，竊車集團解體時須多花一道手續處理，利潤誘因降低。

七、外出注意停放地點，儘量靠近隨時有人出入的商店，避免停在黑暗巷道。

八、坊間公司有新創機車防盜辨識系統是使用專利工具，在機車多數塑膠、組件熱烙上該車之引擎號碼，該記號很難去除。因此讓機車改造借屍還魂繁瑣，提高成本，使竊賊知難而退。

九、需要鑰匙才能把鎖鉤推入上鎖的機車掛鎖。

第十四節　農漁牧機具防竊要領

一、實施刻碼專案：全面性實施農漁牧機具刻碼專案。

二、阻斷銷贓管道：針對本縣易銷贓場所造冊列管，每月規劃2次結合本縣環保局、建設處、台電等單位之聯合稽查專案，各分局每月亦規劃2次查緝專案，確實阻斷收（銷）贓管道。

三、全面性掃蕩毒品專案：竊盜案件毒品人口約佔65%，實施毒品大掃蕩專案。

四、實施馬達抽水機潑（塗）柏油專案

五、社區巡守隊協助巡守：基於「警力有限、民力無窮」之概念，本局持續推動社區成立守望相助巡守隊。

六、增設路口監視器：路口監視器為目前偵辦各類刑案的重要利器。

第十五節　農漁牧產品防竊要領

一、針對季節性作物規劃專線巡邏

針對農漁牧作物特性，規劃季節性作物（文旦、楊桃、西瓜）防竊巡邏專線。

二、利用村里廣播器提醒農民防竊

由於部分農產品例如口湖鄉之烏魚子、各鄉鎮市均有之蒜頭，均須藉由日照曬乾，農民常將農產品置放於馬路旁或曬稻場曬乾，日曬時期易於失竊，本局及社區巡守隊除加強巡邏防竊外，並責由各分駐（派出）所所長、副所長，利用村里廣播器，宣導要求農民注意防竊，提高其危機意識及自我防衛能力，加入防竊工作，確保自身財產安全。

三、仔豬防竊作為

相關有效防製作為如下：

1. 推動仔豬耳號刺青。
2. 加強巡邏埋伏勤務。
3. 宣導破壞「腳路」以遏阻失竊案。

第十六節　電纜線防竊要領

一、積極查緝電纜線竊盜集團

雲林縣警察局台西、北港分局、刑警大隊及刑事局偵3隊，於99年10月21日查獲分別以吳銘山、吳仁慈、林濬宏等3嫌為首，成員共計34人之竊剪電纜線集團，一舉查緝到案，該集團偷遍彰化、雲林及嘉義等地區之電纜線，再將竊得之電纜線交由嫌犯陳玉鈴銷贓，所得金錢購買毒品轉讓成員吸食及販售於其他毒癮人口，本次專案查扣電纜銅線重量412公斤、剝皮機1部、磅秤3台、油壓剪5支、電纜皮5大袋，一舉瓦解彰雲嘉最大竊剪電纜線集團。

二、加強巡邏提高見警率

三、斷絕收（銷）贓管道

四、約制治安顧慮人口

五、張貼宣傳海報

六、研判可能繼續被竊區域，告訴民眾發現可疑報警

七、有效防竊作法

雲林縣台78線東西向快速道路，曾被竊剪電纜線，該電纜線均設於地下涵管，由人孔蓋出入裝修，由於電纜線粗重以人力無法抽出，竊賊爰將電纜線綑綁於小貨車再拖出涵管，經現地勘察後，建議養護業者於人孔蓋上放置水泥製紐澤西護欄，由於該護欄須以小吊車（俗稱秤仔車）方可搬移，因此放置後，已未再發生失竊案。

第十七節　校園防竊要領

一、校園防竊預防宣導

1. 學校定期派員參加警察機關治安會議。
2. 要求學生汽車、機車、自行車加大鎖。
3. 要求學生騎機車、自行車必須戴安全帽。
4. 製發辨識貼紙，張貼於自行車上。

5. 持續宣導機車、自行車烙碼。

二、駐衛警勤務強化作為

1. 對於進出校園應予管制，設簿登記，以防止竊嫌進入校園犯案。
2. 發生案件應迅速通報，以掌握破案先機。
3. 學校應擬定緊急應變計畫，訓練駐衛警等人員，以應付突發事故。
4. 不定時校園巡邏，發現可疑適時處理及通報。
5. 設置緊急安全按鈕，駐衛警接獲通知，立即前往，以保障校園安全。

三、偏差行為輔導

1. 初級預防由學校學務處、輔導室負責，對於有問題學生予以諮商輔導，導正偏差行為。
2. 第二層預防由少年輔導委員會負責，由少輔會志工對於偏差行為個案進行關心、訪視、認知輔導，強化正確價值觀，預防再犯。
3. 第三級預防由警察機關及司法機關負責，對於觸犯刑法法律之學生，或有觸犯刑法法律之虞犯，予以移送少年法庭處理。

四、增加校園巡邏密度提高見警率

1. 所謂見警率仍在人口密集的公共場所、住宅區或車站、市場等人潮眾多地區，由穿著制服的警察，往來穿梭巡邏或駐足守望，增加警察的能見度，讓想犯罪的人無法心存警惕而不敢犯罪，減少犯罪機會。
2. 警察機關針對學校週邊較易犯罪場所，運用警察各項警用裝備，如汽車、機車、自行車等，在犯罪熱點（Hot Spots）加強巡邏、守望勤務，增加警察人員及裝備的曝光度，讓想犯罪的人以為警察就在身旁，進而嚇阻犯罪動機。

五、建議學校增設電子或錄影監視系統

1. 學校於進出口、校園四週、放置重要設備處所、重要出入口等裝置錄影監視系統，可以瞭解進出人員，發現異狀，適時採取預防措施。
2. 學校所有成員也會因裝設錄影監視系統，使其較有安全感，在學生學習情境，教師授課品質應有一定正面效果，因此，學校裝設錄影監視系統，在校園竊盜預防應有其必要。

第十八節　政府宣導

一、宣導方式

1. 政府宣導預防犯罪應依據地區特性、治安狀況，利用各種機會，採用適當方式，隨時、隨地、隨人、隨事實施，必要時派遣熟悉犯罪預防工作之警察人員前往高竊盜犯罪區域之商店、住家協助其改善。
2. 協請民間各種社團組織共同推展，使宣導工作深入社會各階層。
3. 宣導內容力求簡明，易為大眾理解、接受。
4. 從事宣導應持續不斷、反覆實施。
5. 宣導人員要儀容整潔，態度和藹，言詞懇切，並顧及民眾之作息時間，避免擾民。

二、宣導重點事項

1. 住戶在防竊硬體設備改善。
2. 貴重物品標示上容易辨識的記號並拍照存證，以利日後追贓。
3. 裝置適當的警報系統或警民連線。
4. 住戶鑰匙不要放在如：門（或花盆、門框）下，這是相當危險易遭竊因素。

三、慣竊列管

警勤區為警察勤務基本單位，目前我國現有警勤區將近一萬八千個，由於警勤區散布廣闊，無遠弗屆，目的在警勤區制度上設計，採劃分一定範圍，由一次固定負責查察，普遍而深入，其主要功能在掌握犯罪徵候，非其他制度所能取代，惟近年來慣竊動態查察漸流於形式，其所能發揮實質效益漸小，因此如何落實察訪紀錄及管理和動態通報，則是防竊相當重要一環，依據法務部歷年統計竊盜犯再犯比率高達60%，可見在台灣職業竊盜之嚴重性。

四、守望相助推動

就整體而言有實施守望相助的地方，只要認真執行，竊盜案件均有明顯下降趨勢，此項工作有待持續努力，更待如何有效提升其力量，共同防治竊盜力量。

1. 實施教育訓練：使其具備法律常識及防身技能，並能觀察事物，提高警覺。
2. 裝備充足：例如使用手提強力探照燈，對社區內黑暗死角加以搜查，深具防竊效果。

3. 協助編組：對已編組完成者，隨時提供改進意見，對未編組之地區，督導鼓勵其社區負責人或里長編組。

4. 舉辦聯誼：對民間組織力量，每年選擇適當時間，舉辦聯誼，以增進感情，爭取向心力。

5. 適時鼓勵：對於查獲或協助查獲竊盜現行犯之巡守員或管理員，應適時予以獎勵，以增強其榮譽心。

五、海報告示

對竊盜案發生頻率較高地區或路段、印製海報提醒，相當有必要的。此外，分局人力足夠類似日本警察社區報紙刊物發行給轄區內住戶，除了能將治安訊息傳播外，尚具有溝通警察與居民意見的角色，深具親民之舉。

六、廣設監視器

在國人對住宅保全收費措施未能充分了解及接受情況下「依內政部警政署刑事警察局委託研究報告臺灣地區住宅竊盜與防制措施之研究報告（2004）只有10.5%」，各大樓社區普遍裝設監視器對居家、車輛安全至為重要一項防竊措施。此外，為達全面監控目標，建議宜由政府編列預算或由民間力量集資捐助在重要路口或易遭竊地區、路段設置監視器，可具威嚇防範及蒐證作用。

七、推動自動感應照明設備

住宅防火巷或後門場設置相當理想，使竊賊靠近作案時無所遁形。

第十五章

政策分析與建議

第一節　政策分析

防制竊盜工作一直都是警政維護治安重要工作，歷任部長或署長均非常重視，所提出策略大致與當時失竊嚴重之竊物有密切關係，相關專案提出，短則幾個月，長則數年甚至延續至今。茲將歷年汽、機車竊盜偵防措施沿革分析敘述如下：

一、提昇國家治安維護，力阻斷銷贓管道，91.07-92.06年。

二、維安專案，阻斷銷贓管道，92.03-92.05年。

三、反銷贓執行計畫（1）阻斷銷贓管道、（2）查察治安人口，92.08-93.07。

四、全民拼治安行動方案（1）阻斷銷贓管道、（2）過戶臨時檢驗、（3）機車加大鎖，94.03-94.12年。

五、清源專案，阻斷銷贓管道，95.02-95.05年。

六、改善治安強化作為專案計畫（1）阻斷銷贓管道、（2）機車烙碼，95.03-95.09年。

七、神捕英雄專案，全民找失竊車輛，95.04-97.04年。

八、強化治安工作計畫（1）阻斷銷贓管道、（2）機車烙碼，96.01-96.12年。

九、強化掃蕩汽機車解體工廠專案評核計畫（1）阻斷銷贓管道、（2）查察治安人口、（3）聲押竊贓慣犯，97.08-97.12年。

十、同步查緝易銷贓場所行動專案工作計畫（1）阻斷銷贓管道、（2）加強巡邏查察、（3）聲押竊贓慣犯，99年3月起至今。

十一、強化掃蕩汽機車及自行車竊盜犯罪評核計畫（1）阻斷銷贓管道、（2）查察治安人口、（3）聲押竊贓慣犯、（4）機車加大鎖、（5）勿停放陰暗處，101年7月起至今。

上述階段性防竊措施，雖然有一定成效，但近年來汽機車失竊大幅度下降，作者認為最主要關鍵在96年起新車烙印多處辨識碼以及機車滿五年過戶須驗車所至。除外作者亦曾研究過日本防竊重要措施，值得我國借鏡，茲分析臚列如下：

一、日本平成15年6月制定「特殊開鎖工具持有禁止等相關法規」，已有效抑制住宅竊盜案件。目前我國尚無此項禁止法規。

二、日本鎖具性能標示制度，在抑制侵入犯罪方面已呈現象當成效。尤其抗撬性能達10分鐘以上的鎖具約佔整體出貨量的94%等的狀況來看，具一定防犯性能鎖具的普及已有相當進展（按日本學界研究發現小偷破壞鎖具若超過五分鐘未能破壞侵入會放棄作案）。

三、鎖業從業人員之職業在經過國家認定之後，考慮推動其成為一種具獨立性以及高自尊的職業種類。我國目前尚無鎖業人員檢定認證工作。

四、鎖業從業人員的日本鎖具產品安全工會，在鎖業信賴性確保方面，法規施行後以國家要求為基礎，規劃制定倫理規定、行動規範，辦理倫理講習會，明確化違反倫理規定、行動規範者之處分等，以期提升工會會員的資質。目前我國並無此類訓練。

五、日本正在推動鎖業團體的標章制度，週知業界的實際狀態，讓國民廣為週知及認可。

由上可觀之，日本從鎖具性能標示制度、特殊開鎖工具一般民眾持有禁止、鎖業從業人員國家認證等建立一套完整防竊制度，竊盜案件也有效一直在下滑。因此，我國在法律層面也應作適時修法與檢討。除外，在竊盜偵防要畢竟其功，竊盜罪刑也應適時修法，近年來如侵入建築物行竊已改為加重竊盜罪，就是很好嚇阻建築物遭竊一項法律變革措施。104年司法院研議竊盜罪加重及減輕因子種類量刑刑度會議，建立資訊系統，作為法官判刑參考，確實為一項進步措施。

第二節　政策建議

一、建立鎖具管理制度

（一）如何鑑驗門鎖、門窗優劣及分級，不管政府機關或民間單位均應建立鑑驗門鎖單位，才有一套標準分辨出鎖或門窗的好壞。

（二）政府應舉辦鎖業人員檢定（技術士）認證工作，提升鎖匠技術，及民眾信賴。

（三）政府應建立鎖具性能標示制度，尖端鎖具限定特定人士購買。

（四）政府應設法舉辦跨國性竊盜案件研討會，提升專業技能，及嚴防跨國犯罪。

二、政府應比照日本或英國對鎖、門、窗要有認證標章，且廠商有責任跟民眾解釋鎖、門、窗品質如何。因鎖、門、窗係相當專業，譬如：讀機工科，他們知道材料力學，知道HRC要幾度，一般老百姓沒有人懂，因此必須加強對民眾宣導，同時對於認證標章廠商要指導民眾。

三、建置雲端智慧影像分析系統

（一）雲端視訊分析處理平台

雲端視訊分析處理平台需利用「雲端運算架構」整合各項分析功能，包含影帶調閱，影帶濃縮、車牌辨識、監視器畫面異常辨識等，藉此平台整合與分配運算資源，達成資源運用最佳化之需求，並提供API介面予各類應用系統呼叫。

（二）監視器影帶濃縮功能

影帶濃縮係指利用雲端大量運算效能，將不動之影像畫面快速去除，並有時間戳記可茲辨識。藉此找出有意義之影帶片段，有效縮短搜尋時間。本功能需可搭配後續之車牌辨識，藉以提升其運算效率。

（三）車牌辨識功能

以車牌辨識引擎，辨識監視器影像畫面中之車牌文字，並將結果回傳至指定伺服器。執行車牌辨識前需先執行影像濃縮功能，以提升辨識效率。

（四）車輛軌跡追蹤功能

車輛軌跡追蹤功能需整合車牌辨識、車輛追蹤、運算及儲存等技術，快速調閱與分析目標區域內監視器影像，進行車牌辨識並依結果自動追蹤，串起目標車輛行進軌跡（如圖15-1）。

四、分析竊盜案類熱區建立

結合資料倉處收容大數據資料，利用地理資訊系統GIS將資料以地理空間方式呈現，供做治安治理決策參考。

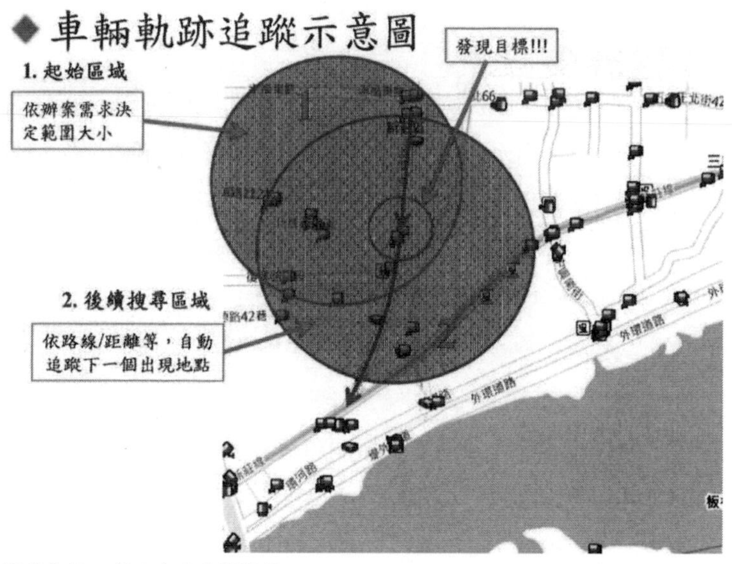

資料來源：新北市政府警察局。

圖15-1　車輛軌跡追蹤示意圖

第三節　展望未來

一、科技偵查新趨勢

區域警覺系統（Domain Awareness System）（如圖15-2）（又稱「儀表板」（dashboard）[1]：這套系統可匯集並分析從攝影機、車牌識別器、感應器和執法資料庫取得資訊。「區域警覺系統」是由紐約彭博市長和凱利在華爾街幾個街區以南的曼哈頓下城安全計畫（Lower Manhattan Security Initiative）總部發表亮相，紐約市員警在總部內檢視監視攝影機畫面、車牌

Domain Awareness System (美國New York)

資料來源：陳威棋（2016）警政署高階警政首長策略領導專題講習資料。

圖15-2　美國紐約區域警覺系統

1　陳威棋（2016），警政署高階警政首長策略領導專題講習資料。

識別器發出的警告，以及報案電話的內容。透過行動裝置迅速調閱逮捕紀錄和嫌犯有關的報案電話，以及特定地區發生的相關犯罪事件等資訊。

二、出廠新車裝置衛星導航系統

汽機車即使車被偷以後，可以從導航系統中獲知被偷車輛位置，同時查緝偷竊嫌犯，若有這項功能裝置竊嫌行竊機率就會非常低，這也印證理性選擇理論，當行竊風險增加時，敢冒險犯案機率就低。

三、增設機動貨櫃檢查儀

走私車輛必定以裝櫃方式處理，若能增購X光檢查儀，必能大幅降低汽機車走私。機動儀主要結構為貨車車頭、車床以及裝載於車床上之伽瑪射線透視系統與液壓伸展系統，可以機動在不同地點執行職務。

四、無人機偵查犯罪

無人機用途非常廣泛，為現代科技偵查利器，臺灣面積山區居多，以警力配置而言，山區人力單薄，若欲裁撤居民反對，加上平面犯罪偵查會有缺漏，遇天災資訊更是難於獲得，因此，利用無人機偵查可是當今輔警利器，所謂科技建警之意涵。無人機功能除了軍事用途外，在與警察工作運用也相當重要，例：搭載熱成像相機，助夜間追緝嫌犯、失蹤登山客搜索、災場搜索生還者、搜索山老鼠砍筏林木、天災路況情蒐、高空滅火、交通事故現場3D拍照等等，因此，無人機使用的確是未來運用趨勢。

參考書目

一、中文部分：

1. 小出治（2006），日本國內的犯罪防範對策之現狀，中日工程技術研討會建築研究組，台北：內政部建築研究所。
2. 內政部警政署（2002），「加強維護校園安全工作之策進重點措施」規定。
3. 內政部警政署（2006），「機車烙碼」實施計畫。
4. 內政部警政署（2007），「住宅防竊諮詢執行計畫」。
5. 內政部警政署（2017），「警政統計重要參考指標」，內政部警政署警政治安全球資訊網。
6. 內政部警政署（2017），警政統計通報—105年整體治安情勢，內政部警政署警政治安全球資訊網。
7. 日本警視廳（2009），防止住宅等侵入犯罪對策之調查報告。
8. 日本警察廳（平成21年5月），平成20年犯罪情勢，日本警察廳網站。
9. 王子熙（2005），都市住宅區空間組構型態與竊盜犯罪傾向之研究—以台灣某城市為例，逢甲大學建築研究所碩士論文。
10. 王振生（2003），保全業經營管理及未來展望，保全人員訓練計畫講習教材，內政部警政署刑事警察局編。

11. 王瑞華（2007），住戶對住宅竊盜的自我保護行為與犯罪恐懼感關聯之研究，國立台北大學犯罪學研究所碩士論文。
12. 台北市政府警察局（2001），台北市政府警局委託消基會測試市售門鎖案報告書。
13. 台北市政府警察局「校園教學資訊設備防竊烙碼登錄」執行計畫。
14. 江慶興（1998），破窗理論與犯罪偵防：以美國紐約市警察局為例，中央警察大學警學叢刊，第29卷第3期。
15. 何明洲（2005），犯罪偵查原理與實務，中央警察大學。
16. 何明洲（2006），民眾住宅防竊安全認知之實證研究—以臺北縣、市為例，中央警察大學警學叢刊，第36卷第6期。
17. 何明洲（2008），住宅竊盜犯罪安全設計與防制之研究，中央警察大學犯罪防治研究所博士論文。
18. 何明洲（2010），住宅竊盜犯罪安全設計與防制之研究，中央警察大學犯罪防制研究所博士論文。
19. 何明洲（2017），犯罪偵查學，台北：臺灣警察專科學校。
20. 李珀宗（2004），社區犯罪基圖在警察機關防制住宅竊盜犯罪之應用—以台北市松山區為例，中央警察大學犯罪防治研究所碩士論文。
21. 李湧清（1998），警察勤務之研究，中央警察大學出版。
22. 易君博（1984），政治理論與研究方法，台北：三民書局股份有限公司。
23. 林鴻海（2003），社區警政建構之研究—以守望相助模式為例，文化大學設計研究所碩士論文。
24. 吳爭軒（2015），汽車被害特性及其防治對策之研究，中央警察大學犯罪防治研究所碩士論文。

25. 張平吾（1999），被害者學概論，台北：三民書局股份有限公司。

26. 張平吾、黃富源（2008），被害者學新論，台北：三民書局股份有限公司。

27. 張平吾、黃富源（2008），被害者學新論，台北：三民書局股份有限公司。

28. 莊忠進（2003），侵入竊盜犯罪過程實證研究，中央警察大學警學叢刊，第34卷第3期。

29. 許春金（2006），人本犯罪學—控制理論與修復式正義，台北：三民書局股份有限公司。

30. 郭志裕（2008），私人保全發揮犯罪預防功能之研究，中央警察大學犯罪防治研究所博士論文。

31. 陳威棋（2016），內政部警政署高階警政首長策略領導專題講習資料。

32. 陳珮欣（2013），集合住宅共用空間內住宅竊盜犯罪保護因子認知之研究－以高雄市警察人員為例，嘉義：國立中正大學犯罪防治研究所碩士論文。

33. 雲林縣警察局（2009），執行「民眾機車鑰匙未拔取代保管措施」評核計畫。

34. 雲林縣警察局（2009），執行「自行王車主登記、烙碼防竊執行計畫」。

35. 黃富源（2005），犯罪預防與環境設計，上課講義，未出版，中央警察大學。

36. 黃富源、施雅甄譯（2007），安全設計概念與實踐，內政部警政署刑事警察局委託案。

37. 黃富源譯（1985），以環境設計防制犯罪，中央警察大學新知譯粹，第1卷第2期。
38. 黃蘭媖（2002），英國防治重複被害策略之研究，中央警察大學犯罪防治學報。
39. 楊士隆（1995），運用環境設計預防犯罪之探討，中央警察大學警學叢刊，第25卷第4期。
40. 楊士隆（1997），竊盜犯罪—竊盜犯與犯罪預防之研究，台北：五南圖書出版公司。
41. 楊士隆、何明洲（2017），竊盜犯罪防治理論與實務，台北：五南圖書出版公司。
42. 楊士隆、周子敬、曾郁倫（2007），住宅竊盜犯罪被害與預防對策之研究，警學叢刊第38卷第2期。
43. 靳燕玲（2006），集合住宅社區共用空間安全防範設施設置方法研究，內政部建築研究所研究報告，內政部建築研究所。
44. 彰化縣警察局（2009），建置「租屋安全認證」工作實施計畫。
45. 潘昱萱（2000），理性選擇對竊盜行為解釋效力之考驗之研究，國立中正大學犯罪防治研究所碩士論文。
46. 蔡中志（1991），居家安全之研究，台北：東大圖書股份有限公司。
47. 蔡德輝、張平吾（2005），住宅竊盜重複被害特性與防治策略之研究，內政部警政署刑事警察局委託研究。
48. 蔡德輝、楊士隆（2004），犯罪學，台北：五南圖書出版公司。
49. 蔡德輝、楊士隆（2017），犯罪學，台北：五南圖書出版公司。
50. 鄧煌發（1995），犯罪預防，桃園，中央警官學校。
51. 鄧煌發（2007），犯罪分析與犯罪學理論—環境犯罪學理論之應用與評析，警學叢刊第38卷第1期。
52. 鄭世杰（2008），竊盜犯罪之治安對策—以台南縣民生竊盜為例，台南縣警察局學術研討會。
53. 鄭昆山、楊士隆、何明洲（2004），台灣地區住宅竊盜與防制措施之研究，內政部警政署刑事警察局委託研究，台北：刑事警察局。
54. 蘇智峰（1999），空間型態之內在組構邏輯space syntax空間型構法則分析支介紹，建築向度－設計與理論創刊號，台北：田園城市文化事業有限公司。

二、外文部分：

1. Becker, G. S.(1968) Crime and Punishment: An Economic Approach, Journal of Political Economy, 76(2), pp.169-217.
2. Bennett, T. & Wright, R.(1984) Burglars on Burglary: Prevention and the Offender. Aldershot, England: Gower.
3. Bottoms, Anthony, Mawby ,R. I. & Polii Xanthos.(1989) A Tale of Two Estates in:Downes , David(ed.)(1989) Crime and the City. Essays in Memory of John Barron Mays, London: Macmillan, pp.36-87.

4. Brantingham, P. J. & Brantingham, P. L.(1975) Residential Burglary and Urban Form in: Urban Studies,12, pp.273-284.
5. Clarke, R.V.(1980) Situationl Crime Prevention:Theory and Practice, British Journal of Criminology, 20, pp.136-147.
6. Clarke, R. V. & Eck, J.(2003) Become a Problem-solving Crime Analyst in 55 Small Steps, London: Jill Dando Institute of Crime Science.
7. Clarke, R. V.(1992) Situational Crime Prevention Successful Case Studies, New York: Herrow and Heston.
8. Cohen, L. E. & Felson, M.(1979) Social Change and Crime Rate Trends: A Routine Activities Approach, American Sociological Review, 44, pp.588-608.
9. Cornish, D. B. & Clarke, R. V.(1986) The Reasoning Criminal: Rational Choice Perspectives on Offending. New York: Springer-Verlag.
10. Felson, M. & Felson, M.(1998) Opportunity makes the thief: Practical Theory for Crime Prevention (Police Research Series Paper 98), London: Policing and Reducing Crime Unit, Research, Development and Statistics Directorate, Home Office.
11. Grobbelaar, M. M.(1987) Criminology 10-13: Prevention. University of South Africa.
12. Hillier, B. & Simon C. F. Shu.(2000) Crime and Urban Layout: theneed for evidence in: MacLaren, Vic, Ballintyne, Scott, and Ken Pease(eds.)(2000) Secure foundations:Key issues in crime prevention,crime reduction and community safety, London:

IPPR, pp.224-248.

13. Hillier, Bill et. al.(1989) The Spatial Pattern of Crime on the Studley Estate, London: Unit for Architectural Studies, Bartlett School of Architecture and Planning, University College London.
14. Jeffery, C. R.(1977) Crime prevention Through Environmental Design, Beverly Hills, CA: Sage.
15. Moffatt, R. E.(1983) Crime Prevention Through Environmental Design: Management Perspective, Canadian Journal of Criminology, 25(1), pp.19-31
16. Newman, Oscar.(1972) Defensible Space: Crime Prevention through Urban Design. New York: Macmillan.
17. O'Shea'T, C.(2000) The Efficacy of Home Security Measures, American Journal of Criminal Justice, 24(2), pp.155-167.
18. O'Block, R. L.(1981) Security and Crime Prevention. St Louis: C.V. Mosby Company.
19. Pease, K.(1998) Repeat Vitimisation: Taking Stock Crime Detection and Prevention Series Paper 90, London.
20. Poyner, B. & Barry W.(1991) Crime Free Housing, Oxford: Butterworth Architecture.
21. Rengert, G. F.&Wasilchick, J.(1985) Suburban Burglary:A Time and Place for Everything, NY: Thomas.
22. Shu, C. F.(2000) Housing Layout and Crime Vulnerability, Bartlett School of Graduate Studies, University College London.
23. Siegel, L. J.(2002) Criminology, CA:West Wadworth.

24. Sparks, R. F.(1981) Multiple Victimization, Evidence, Theory and Future Research, Journal of Criminal Law and Criminology, 72(2), pp.772-776.
25. Sparks, R. F.(1982) Research on Victims of Crime: Accomplishments Issuses and New Directions, Washington, DC: U.S. Government Printing Office.
26. Taylor, R. B. & Gottfredson, S.(1986). Environmental Design, Crime, and Prevention: An Examination of Community Dynamics, in Community and Crime. Chicago: The University of Chicago.
27. Warr, Mark.(2002). Companions in Crime: The Social Aspects of Criminal Conduct. United Kingdom: Cambridge University Press.
28. Wilson, J. Q. & Kelling, G. L.(1982) Police and neighborhood safety: Broken windows, Atlantic Mnothly 249, pp.29-38.
29. Wright, Richard, Robert H. Logie & Scott, H. Decker.(1985) Criminal Expertise and Offender Decision Making: An Experimental Study of the Target Selection Process in Residential Burglary, Journal of Research in Crime and Delinquency, 32(1), pp.39-53.

附錄一

竊盜行竊工具

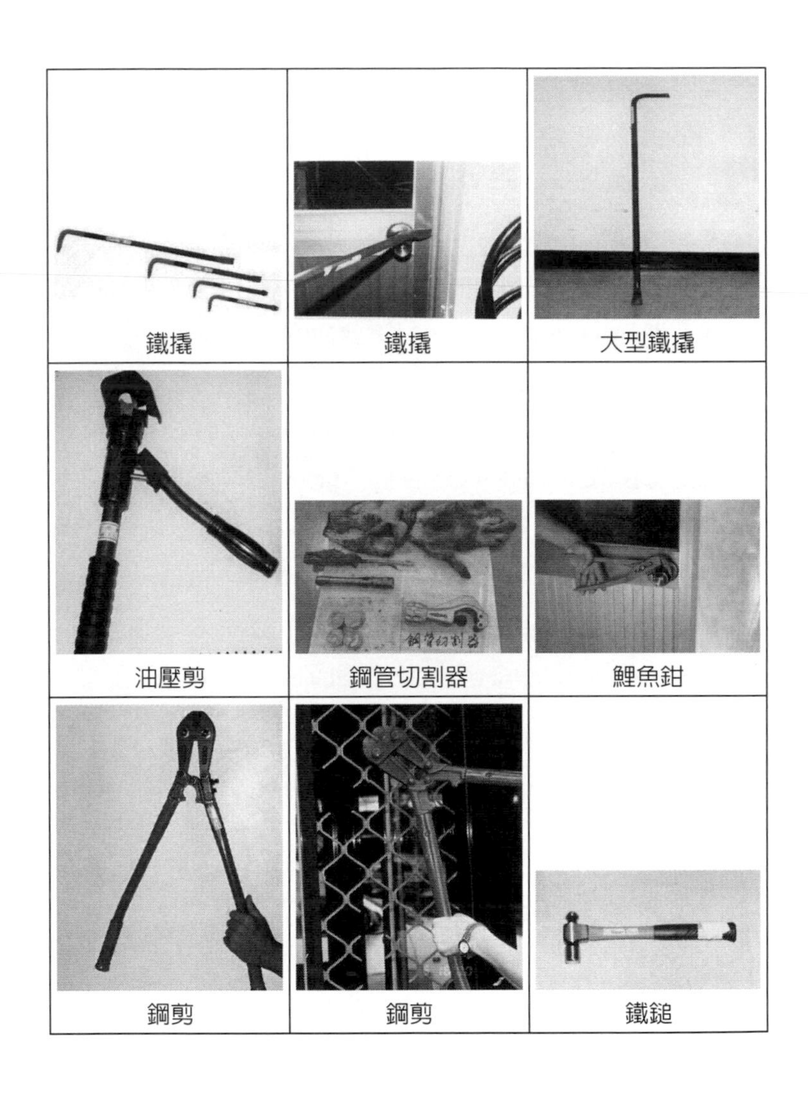

鐵撬	鐵撬	大型鐵撬
油壓剪	鋼管切割器	鯉魚鉗
鋼剪	鋼剪	鐵鎚

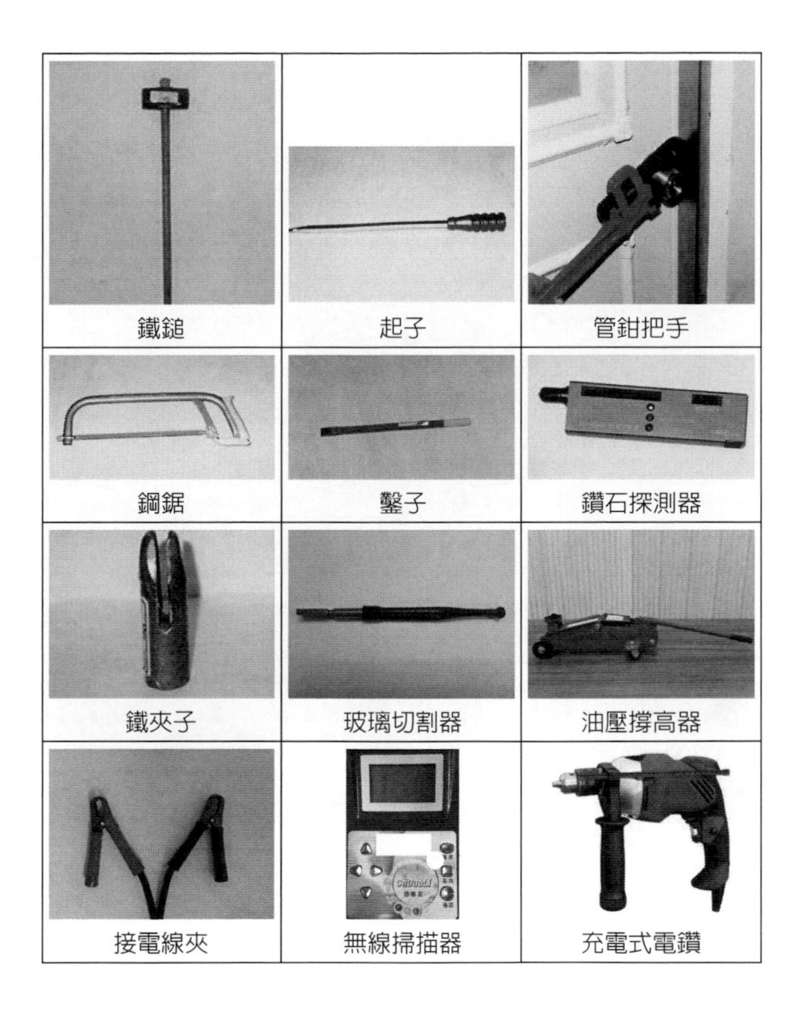

鐵鎚　起子　管鉗把手
鋼鋸　鏨子　鑽石探測器
鐵夾子　玻璃切割器　油壓撐高器
接電線夾　無線掃描器　充電式電鑽

附錄二

開鎖工具

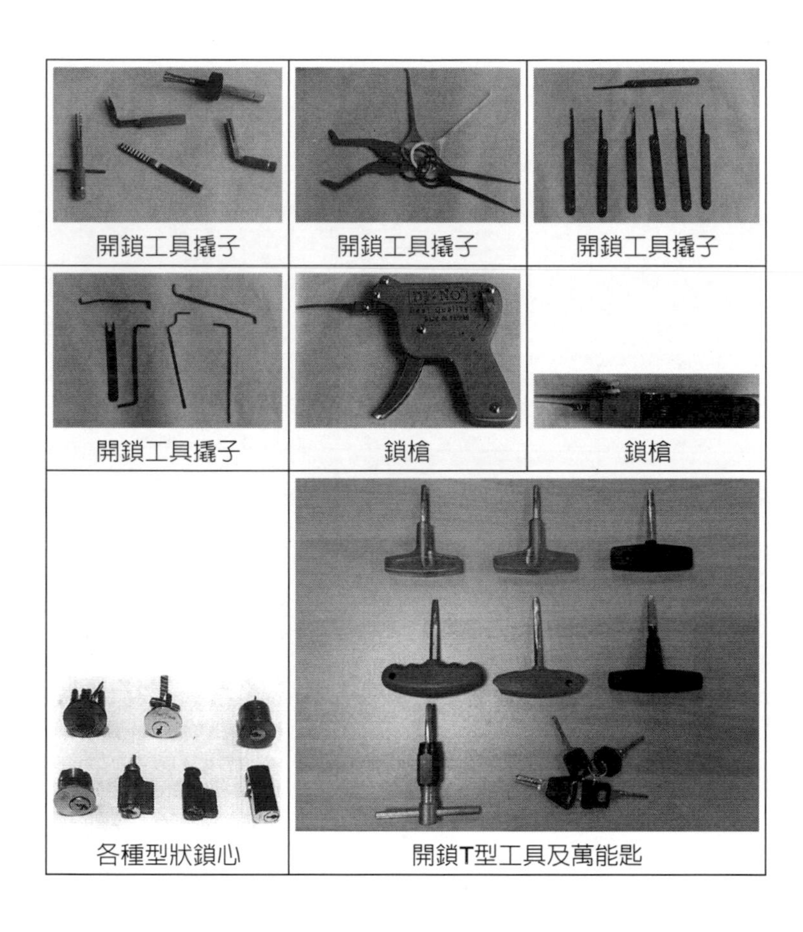

開鎖工具撬子　開鎖工具撬子　開鎖工具撬子

開鎖工具撬子　鎖槍　鎖槍

各種型狀鎖心　開鎖T型工具及萬能匙

附錄三

門窗破壞圖示

破壞門鎖　破壞門鎖　破壞門鎖

破壞門鎖　撬壞門栓　撬壞門栓

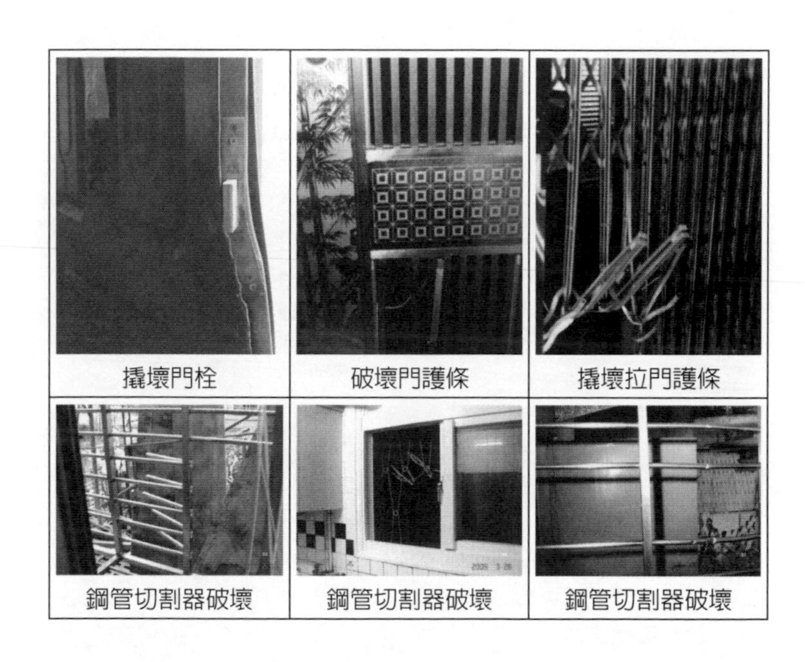

撬壞門栓　破壞門護條　撬壞拉門護條

鋼管切割器破壞　鋼管切割器破壞　鋼管切割器破壞

附錄四

瀏覽10分鐘平安伴全家

一、Q：為什麼他會去當小偷呢？

A：國外有一個跟財產非常有關理論叫理性選擇理論，用通俗話講就是他因具備偷技術，他會偷以及被抓到機率不高，他告訴自己當小偷是一條路。

二、Q：你家的東西為什麼會被偷呢？

A：國外有一個非常有名理論叫日常活動理論，用通俗話講，你家裡沒有人在、小偷喜歡你家裡東西以及小偷來了。這三種因素結合再一起你家裡就被偷了。

三、Q：小偷要來時我們會不會知道呢？

A：會知道的。通常小偷會利用白天觀察住戶動態找對講機逐樓逐戶按，若住戶無人回應則利用小張貼紙或用原子筆在對講機按鈕做記號或在信箱做記號。隔天再按一次或就直接進入行竊，此類手法很普遍，只要住戶稍有警覺，不難發現小偷即將到來。

四、Q：小偷喜歡從哪裡進來呢？

A：屋後或屋旁有通道、鄰接施工中之建築物、沒有管理員的門廳、防火巷、地下停車場、出入口較多巷道等均是小偷最喜歡侵入途徑。

五、Q：小偷破壞你家門鎖或窗戶無法進入，其破壞逗留現場耐性有多久就放棄了呢？

A：1.從調查227位慣犯小偷中，發現平均10分鐘若無法將門的鎖打開或門破壞，則會放棄作案；若在20分鐘內打不開則有86.8%慣犯會放棄作案；若再提升至30分鐘打不開，則會有97.8%慣犯放棄作案。換言之，家裡門鎖若能抵擋30分鐘不被破壞，家裡是很安全的。

2.平均8.8分鐘，若無法將窗戶破壞打開，則會放棄作案。5分鐘時間無法將門窗打開，有60.1%必會放棄作案；若10分鐘未能被打開，則有82.5%比率會放棄作案；若達30分鐘打不開，則有97.4%比率會放棄作案。換言之，家裡窗戶若能抵擋30分鐘不被破壞，家裡是很安全的。

六、Q：進到家裡來偷會逗留多久呢？

A：從調查當中重要發現，平均侵入行竊時間為27分24秒。侵入行竊30分鐘以下達86.7%比率，若行竊達60分鐘則達96.3%比率。因此，可以明顯看出大多數慣犯進入住宅行竊逗留時間為30分鐘以內。

七、Q：家裡房間哪間房間會先找呢？

A：小偷侵入住宅行竊優先尋財物的地方，依據調查分析依序為：主臥房、老人家房、成人房、學生房、客廳、廚房。因此，主臥房、老人家房、成人房存放貴重東西則必需要有防竊措施，例如：保險櫃或設計隱密之抽屜或暗門存放。不起眼的地方廚房藏放部分貴重東西亦是很安全的。

八、Q：小偷優先搜尋財物位置是何處呢？

A：依序：衣櫥內抽屜、床頭櫃內、床舖床墊下、衣櫃吊掛衣服、書桌抽屜、酒櫃、書櫃。因此，櫥內抽屜、床頭櫃內、床舖床墊下、衣櫃吊掛衣服是小偷優先搜尋的地方。

九、Q：喜歡偷那些東西呢？

A：依序為：現金、金飾珠寶、名貴手錶、藝術品古董、手機、手提電腦、音響、電視。可見，現金、金飾珠寶、名貴手錶、藝術品古董仍然是小偷最愛。

十、Q：家裡如何預防被偷呢？

A：1.硬體設備最重要。

2.若是老舊公寓門鎖無法改善約，花2千元左右加裝聲響（警報器）防竊是非常好的方法。

3.更換門鎖採用多重鎖（多道門栓）、晶片鎖防竊有絕對幫助。

4.貴重東西存放銀行保管箱是最安全。若沒有銀行保管箱，家中廚櫃設計隱密之抽屜或暗門（裝潢時請木匠做，木匠都會做）存放能有效防止被偷。

5.新建大樓都有管委會，並設有管理員及監視器，原則上是安全的；若為更安全，門鎖更換高級一點不易被敲開，家裡安全係數高，家裡就更安全。

6.鐵窗護條需實心，但應注意留逃生孔，逃生孔鎖需不鏽鋼，一把鑰匙擺在鐵窗附近，小偷拿不到就好；氣密窗買複層（雙層）具有防竊效果。

十一、Q：你的愛車如何防止被偷呢？

A：1.汽車若短暫停留30分鐘以上鎖上方向盤鎖。

2.不管新車或中古車加裝暗鎖。

3.上述2點做到原則上偷不走，除非整台車被拖吊走。

4.機車停放加裝輪胎鎖，輪胎鎖購置需鑰匙鎖住的輪胎鎖。

社會科學類　PD0071　Viewpoint35

竊盜犯罪防治學
——原理與策略

作　　者 / 何明洲
責任編輯 / 陳慈蓉
圖文排版 / 楊家齊
封面設計 / 蔡瑋筠

發 行 人 / 宋政坤
法律顧問 / 毛國樑　律師
出版發行 / 秀威資訊科技股份有限公司
114台北市內湖區瑞光路76巷65號1樓
電話：+886-2-2796-3638　傳真：+886-2-2796-1377
http://www.showwe.com.tw
劃撥帳號 / 19563868　戶名：秀威資訊科技股份有限公司
讀者服務信箱：service@showwe.com.tw
展售門市 / 國家書店（松江門市）
104台北市中山區松江路209號1樓
電話：+886-2-2518-0207　傳真：+886-2-2518-0778
網路訂購 / 秀威網路書店：https://store.showwe.tw
國家網路書店：https://www.govbooks.com.tw

2018年6月　BOD一版
定價：410元

國家圖書館出版品預行編目

竊盜犯罪防治學：原理與策略 / 何明洲著. -- 一版. --
臺北市 : 秀威資訊科技, 2018.06
面 ; 公分. -- (社會科學類 ; PD0071)(Viewpoint ; 35)
BOD版
ISBN 978-986-326-567-2(平裝)

1. 竊盜罪 2. 犯罪防制

548.543 107008173

讀者回函卡

感謝您購買本書，為提升服務品質，請填妥以下資料，將讀者回函卡直接寄回或傳真本公司，收到您的寶貴意見後，我們會收藏記錄及檢討，謝謝！

如您需要了解本公司最新出版書目、購書優惠或企劃活動，歡迎您上網查詢或下載相關資料：http:// www.showwe.com.tw

您購買的書名：______________________________

出生日期：________年________月________日

學歷：□高中（含）以下　□大專　□研究所（含）以上

職業：□製造業　□金融業　□資訊業　□軍警　□傳播業　□自由業

□服務業　□公務員　□教職　□學生　□家管　□其它____

購書地點：□網路書店　□實體書店　□書展　□郵購　□贈閱　□其他

您從何得知本書的消息？

□網路書店　□實體書店　□網路搜尋　□電子報　□書訊　□雜誌

□傳播媒體　□親友推薦　□網站推薦　□部落格　□其他__________

您對本書的評價：（請填代號　1.非常滿意　2.滿意　3.尚可　4.再改進）

封面設計____　版面編排____　內容____　文／譯筆____　價格____

讀完書後您覺得：

□很有收穫　□有收穫　□收穫不多　□沒收穫

對我們的建議：______________________________

____

____

____

請貼
郵票

11466
台北市內湖區瑞光路 76 巷 65 號 1 樓
秀威資訊科技股份有限公司 收
BOD 數位出版事業部

（請沿線對折寄回，謝謝！）

姓　　名：＿＿＿＿＿＿＿＿ 年齡：＿＿＿＿ 性別：□女　□男

郵遞區號：□□□□□

地　　址：＿＿＿＿＿＿＿＿＿＿＿＿＿＿＿＿

聯絡電話：(日) ＿＿＿＿＿＿＿＿ (夜) ＿＿＿＿＿＿＿＿

E-mail：＿＿＿＿＿＿＿＿＿＿＿＿＿＿＿＿